世界历史进程中的
中国足迹

曲 水 编著

CHINA

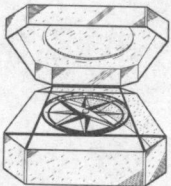

中国铁道出版社有限公司
CHINA RAILWAY PUBLISHING HOUSE CO., LTD.

图书在版编目（CIP）数据

世界历史进程中的中国足迹 / 曲水编著 . — 北京：
中国铁道出版社有限公司，2021.5

ISBN 978-7-113-27250-0

Ⅰ. ①世… Ⅱ. ①曲… Ⅲ. ①中国历史 - 通俗读物
Ⅳ ①K209

中国版本图书馆 CIP 数据核字（2020）第 167570 号

书　　名：世界历史进程中的中国足迹	
SHIJIE LISHI JINCHENG ZHONG DE ZHONGGUO ZUJI	
作　　者：曲　水	
策划编辑：田　军	责任印制：赵星辰
责任编辑：奚　源　杜思齐	邮　　箱：wenhua@tdpress.com
责任校对：王　杰	
封面设计：刘　莎	

出版发行：中国铁道出版社有限公司（100054，北京市西城区右安门西街 8 号）
印　　刷：三河市宏盛印务有限公司
版　　次：2021 年 5 月第 1 版　2021 年 5 月第 1 次印刷
开　　本：700 mm×1 000 mm　1/16　印张：18.25　字数：292 千
书　　号：ISBN 978-7-113-27250-0
定　　价：59.00 元

前言

悠悠中华史，上下五千年。在漫长的历史长河中，中国大地上发生了许许多多的大事、小事。大到王朝更迭、江山易主，小到渔猎耕织、舞文作画，这些大事小情无论离我们有多遥远，它们都依然值得我们去思考和研究。

当中国历史发展到某个阶段的时候，世界在做什么呢？这是众多历史爱好者及历史学习者都想要搞清楚的问题，而这也是本书的初衷。

当大唐王朝步入开元盛世，西亚的阿拉伯帝国也进入经济繁荣的鼎盛时期。在盛世长安呈现出一派繁华时，"和平之城"巴格达圆城刚刚开工营建。在阿拔斯哈里发曼苏尔眼中，这座城市将成为阿拔斯王朝统治下阿拉伯帝国最完美的都城。当然，无论是唐长安城，还是阿拔斯王朝的巴格达圆城，现在的我们都只能在典籍著作中一览它们的风采。

当中国航海家郑和率领着庞大的明朝舰队七下西洋，展示明王朝的强盛时，葡萄牙王子恩里克也开始派人出海探险。虽然同是出海探险，但与郑和通使目的不同，恩里克王子不仅要开辟海上贸易航道，同时还是为了更好地开展殖民扩张活动。

1453 年，明英宗朱祁镇虽然早已走出了瓦剌的牢笼，却仍被自己的弟弟幽禁在南宫之中。当他正在想着如何夺回自己的皇位时，在大陆另一边，奥斯曼帝国穆罕默德二世已经做好了进攻君士坦丁堡的全部准备。在经历了激烈的炮攻和肉搏战后，东罗马帝国末代皇帝君士坦丁十一世战死，穆罕默德二世成功进入君士坦丁堡，东罗马帝国就此灭亡。

伴随着东罗马帝国的灭亡，欧洲中世纪宣告结束。在君士坦丁堡战役打响的同一时刻，欧洲大陆的另一端，英法之间的"百年战争"也进入终局阶段。在卡斯蒂永战役中的溃败，让英格兰王室几乎失去了所有欧陆上的领土。而这场战役的溃败，也直接引发了英格兰王室内部的"玫瑰战争"。

历史就是如此，牵起一发，便可顺观其全貌。在义务教育阶段的历史课程学习中，虽然很多时候教师们会深入事件之中，为学生分析事件背后的"蛛丝马迹"，但却鲜有对历史的横向比较。

正如上面我们所描述的那样，当唐朝进入盛世时，世界上其他的地方是否也同时进入盛世阶段呢？如果真的有这样的巧合，它们走入盛世的原因又与唐朝有什么不同呢？

当我们循序渐进地去分析这些问题时，一个清晰完善的横向历史画面就会呈现在我们面前。这样再结合历史课程中纵向的历史知识，就可以形成一个更为全面、更为系统的历史知识框架。在这样的基础上，再去学习历史，效果就会倍增。

本书具体内容主要划分为政治发展、制度建设、商业、文化和科技五个方面。在表现形式上，我们将中国历史作为主线进行详细讲述，将内容的侧重点放在初高中历史教材中提及却没有深入的地方。世界历史作为参照，列在单独的一栏中，简明扼要地介绍世界历史事件和具体时间。二者在形式上相互对照，内容上则形成鲜明对比。

当然，无论是中国历史还是世界历史，其中涉及的知识都如浩渺星河般，难以一一讲述。由于篇幅限制，我们在编撰时，有取舍地留下了一些内容，去掉了一些内容。

鉴于能力所限，对此种安排读者如果感到有不妥之处，还请悉心指正。阅读中发现的问题和纰漏，也请读者悉心指正，帮助我们继续完善本书。

目录

|第一章|
文明起源

　　中华文明史，上下五千年。考古成果已向世界做出有力证实。相信，未来我们一定能够一窥五千年中华文明的全貌。同时，请不要忘记，中国史人类发源的重要地区，古人类遗迹遍布东西南北。这一章，我们就根据考古发掘成果，从人猿化石开始，进而再了解史前中国文化遗址。然后参照典籍，说一下古史传说时代的"三皇五帝"。

中华先民的足迹

　　原始社会是人类历史上第一个社会形态，生产力极端低下导致发展缓慢，石器是这一时期的主要生产生活工具。为了抵御野兽攻击和自然灾害，原始人类必须共同协作，并共同占有生产资料。

人类的演化在中国

　　人类演化，自南方古猿以后，可以分为能人、直立人和智人三个阶段。

　　能人大约生存在 180 万年前，是南方古猿和直立人的中间类型。他们要比南方古猿进步，而比直立人原始。重庆龙骨坡遗址中发现的巫山人，据推测是我国迄今发现的最早的能人。

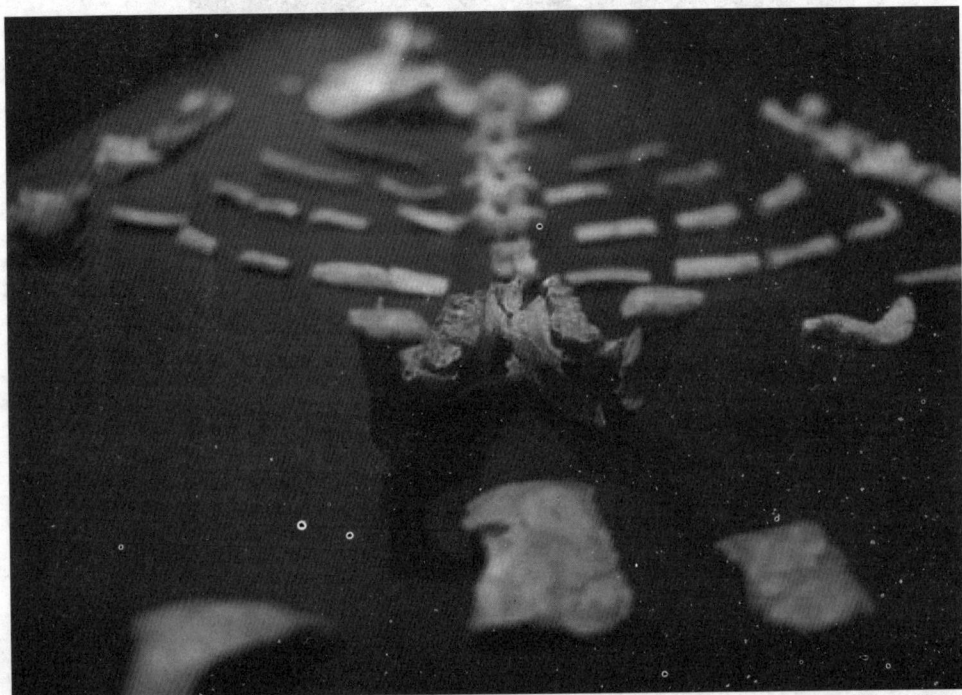

◎ 南方古猿化石

直立人大约生存在距今160万到25万年前，是智人的直接祖先。他们多能制造工具，利用自然火种。在云南元谋县发现的元谋人和北京周口店遗址发现的北京人都属于直立人。

智人可以分为早期智人和晚期智人。

早期智人生活在距今25万年到3.5万年前，体态与现代人较相似，但依然留有原始人痕迹。我国的大荔人、马坝人、丁村人、许家窑人都被归于早期智人。

晚期智人主要生活在距今5万年到1万年前，形态与现代人相似，会制造较为精致的石器、骨器。我国的山顶洞人、河套人、柳江人都属于晚期智人。

元谋人

1965年，一支地质研究小组在地质科学院的安排下，前往云南元谋盆地进行地质研究。

在探查过程中，研究人员发现了几颗半露出地面的云南马牙化石。在挖掘马牙化石时，考古人员又发现了一些埋在土中的其他化石。经过挖掘鉴定，这

世界同期历史

非洲

距今200万—150万年前

坦桑尼亚奥杜瓦伊峡谷中首先发现能人化石。能人由此被定名。他们可以制造石器，猎取小动物，甚至还可能会建造简陋的窝棚。

东南亚

距今70万—50万年前

印尼爪哇岛上的爪哇人，是最早发现的直立人。在形态上，比北京人更原始，但一些特征表明爪哇人已经具备了直立行走的能力。

欧洲

距今80万—30万年前

海德堡人据1907年发现于德国海德堡附近的一块下颌骨化石定名。

海德堡人被认为是尼安德特人和欧洲智人的祖先。后来，在法国、德国和埃塞俄比亚、南非等非洲国家发现的一些化石被描述属于海德堡人。

海德堡人据推测有着比直立人更大

些埋在土中的化石中有两颗早期人类牙齿化石。

经过细致鉴别,这两颗早期人类牙齿化石距今约 170 万年。因发现地点在云南元谋县,所以被称为"元谋人"。

在元谋人化石发掘地还发现少量石器和用火遗迹,说明元谋人已能制造和使用石器,可能已会用火。元谋人的发现说明中国西南地区是人类起源和早期人类演化的重要地区之一。

◎ 北京人

北京人

北京人生活在距今 70 万到 23 万年前的北京房山周口店地区。1929 年,我国考古学家裴文中与其团队在北京房山周口店的山洞中,发现了一个完整的北京人头盖骨化石。

与元谋人一样,北京人也属于直立人。北京人男性身高约 156 厘米,手脚灵活,可以打制石器,同时还可以使用天然火种。

北京人会从自然界将火种引来烤肉、取暖、照明。周口店遗址中疑似用火区的沉积物很可能经历了700℃的加热。这种温度是自然火一般无法达到的，说明北京人已能控制用火。

山顶洞人

山顶洞人因发现于北京周口店龙骨山北京人遗址上方的山顶洞而得名。在山顶洞遗址中共发掘了8个不同年龄的个体。与人骨化石一起出土的，还有一些石器、骨角器和穿孔饰物。

山顶洞人属于晚期智人，从体态上看，已经非常接近现代人类。男性山顶洞人身高大约为1.74米，女性的身高则约为1.59米。这一点与现代人也颇为相近。

在山顶洞人遗址中出土的装饰品非常丰富，其中既有一些小石珠、小石坠，也有不少穿了孔的兽牙。通过这些穿孔饰品可以看出，山顶洞人不仅已经拥有了较为成熟的钻孔技术，同时还具有了一定的审美观念。

除了钻孔技术，山顶洞人还掌握了磨制技术。只不过这一时期，山顶洞人所磨制的更多是饰品，而不是生产生活工具。

的脑容量和更粗壮的骨骼。不过，对海德堡人还存在较大争议。

欧洲和西亚

距今约10万—3万年前

尼安德特人主要生活在欧洲和西亚。

尼安德特人居住在山洞之中，是著名的"穴居人"的原型。对尼安德特人的研究有很长的历史。

尼安德特人能够捕获大的猎物，制造的工具被称为"莫斯特工具"。尼安德特人已会墓葬。

亚、非、欧、美洲

距今约5万年前

在世界各大洲都发现了晚期智人的化石，因此可以确定当时世界上绝大部分地区都已经有人类居住了。

克罗马农人，因发现于法国克罗马农山洞的化石而得名。克罗马农人是晚期智人具有代表性的一支。生活年代可能是距今3万到2万年前，是欧罗巴人的古代代表者。

克罗马农人，以渔猎为生，已能制造精美的石器和骨器，并能取火，已有艺术活动。

史前文化遗存

旧石器时代和新石器时代

旧石器时代开始于距今约二三百万年前，结束于距今 1 万年前。这一时期的社会生产力水平较为低下，自然环境严重影响着人类生活。原始人类主要以打制过的石器作为生产生活工具。

中国旧石器时代的文化遗存较具代表性的主要有西侯度文化、蓝田文化、丁村文化、许家窑文化和峙峪文化等。

新石器时代开始于距今 1 万年前。考古学将这一时期看作是石器时代的最后一个阶段。在此之后，人类便开始逐渐进入青铜时代。中国的新石器时代结束于

◎ 西侯度遗址动物化石

世界史前文化

约公元前 2600 年至公元前 2000 年。

新石器时代的石器制作工艺和制作技术出现了很大提升，人类开始通过打磨、穿孔的方式加工石器。中国新石器时代末期也可划为铜石并用时代。除了石器外，考古发现的大量精美陶器、玉器和铜器，表明了这一时期古人的制陶、冶铸等技术已经相当发达了。

中国新石器时代的文化遗存较具代表性的主要有马家窑文化遗址、大汶口文化遗址、仰韶文化遗址、龙山文化遗址等。

西侯度文化

西侯度文化遗址发现于山西芮城西侯度村高出黄河河面约 170 米的阶地上，距今约 180 万年，是中国古老的旧石器时代遗址。同时，在这里还发现了使用火的证据。

丁村文化

丁村文化遗址发现于山西襄汾丁村。作为我国旧石器时代中期的一种古人类文化，丁村遗址出土的石器主要以

非洲

距今约175万年

奥杜韦文化，非洲大陆上的旧石器时代早期文化遗址。原始人类主要是能人，典型石器为砾石砍砸器，此外还有大型刮削器、雕刻器和石球等。

欧洲、非洲、亚洲

距今约150万年

阿舍利文化，广泛分布于非洲、西欧、西亚地区的旧石器时代早期文化。原始人类为直立人。其代表性石器手斧，器身较薄，刃缘规整，左右对称，呈扁桃形或心形。阿舍利文化属于一种手斧文化。

欧洲

距今约40万年

克拉克当文化，欧洲的旧石器时代早期文化。其典型石器主要以石片石器为主。石片角较大，石片厚而粗，多为碰砧技术生产而成。

石片石器为主，主要有砍砸器、刮削器和尖状器等几种类型。

仰韶文化

仰韶文化是主要分布在黄河中下游地区的一种新石器时代文化，其存在年代大约在公元前5000年至公元前3000年。此文化持续发展达两千年，分布范围广，文化内涵丰富，在中国新石器时代具有类似主流文化的地位。

仰韶文化是一个以农业为主的文化。其农业生产主要以粟种植为主，同时还发现了稻谷和黍的种植痕迹。除了种植粮食作物外，在半坡遗址中，考古学家还发现了已经炭化的菜籽，说明此时的人们已经掌握了蔬菜种植技术。

除了农业外，仰韶文化的手工业也十分发达。当时的手工业生产主要包括制陶、制骨、制革以及纺织和编织等。

仰韶文化的陶器主要以红陶为主，细泥彩陶是其代表陶器，集中体现了当时制陶工艺的水平。因此，考古学界也常将仰韶文化称为彩陶文化。

◎ 彩陶

河姆渡文化

河姆渡文化是中国长江流域下游地区的一种古老文化。其产生和结束时间与仰韶文化大体相同。

在河姆渡文化遗址中，出土了大量稻谷，出土数量之多、保存之完好，举世罕见。河姆渡文化遗址中出土的稻谷，有力地证明了我国是世界上最早栽培水稻的国家。

除了农业发现外，河姆渡文化遗址中的干栏式建筑也很好地反映了当时的社会生活环境，以及古人适应和改造自然的种种行动。

大汶口文化

大汶口文化的年代约为公元前4500年到公元前2500年，主要分布在东至黄海之滨，西至鲁西平原东部，北达渤海北岸，南到淮北一带，是龙山文化的源头。

考古学家从大汶口文化遗址中，发现了许多墓葬。除了单人墓葬外，这一时期还出现了较多男女合葬墓，这标志着当时的社会形态正在从母系氏族公社逐渐向父系氏族公社发展。

从大汶口文化晚期的墓葬随葬品中可以发现，这一时期已经出现了私有制，

里斯冰期

距今约20万—13万年前

勒瓦娄哇文化，欧洲旧石器时代中期至晚期文化，由克拉克当文化发展而来。特色是勒瓦娄哇技术，在打下石片之前，精心修理用来打石片的石核。打制而成的石器主要有龟身状石核和三角形薄锐石片等。

距今约20万—4万年前

莫斯特文化，欧洲旧石器中期文化，广泛分布在欧洲、西亚和北非地区。该文化拥有较高的石器制造工艺，典型的石器有单边砍削器和三角形尖状器。

距今约4万—1万年前

旧石器晚期文化得到进一步发展，骨制工具和合成工具越来越多，人工取火，集体狩猎。

欧洲地区的佩里戈尔文化、奥瑞纳文化和马格德林文化都是较为典型的旧石器晚期文化。

古西亚

约公元前6500年

安纳托利亚高原上的人类开始使用铜器，这标志着开始进入铜石并用时代。

在整个氏族内部开始出现贫富分化的情况，这些都是社会生产力发展的结果。

良渚文化

良渚文化主要分布在太湖地区，年代约为公元前 3000 年到公元前 2400 年。2019 年 7 月 6 日，良渚古城遗址获准被列入世界遗产名录。

良渚文化遗址中出土了大量的玉器。那些经过打磨雕琢的玉器，不仅数量众多、种类丰富，造型工艺也十分精美，可以说是我国史前玉器加工的最高水平。

在良渚文化遗址出土的众多玉器中，玉琮是较为典型的一种。玉琮是一种祭祀用的重要礼器。良渚的玉琮和玉璧上刻有一些特殊的符号，这些符号很可能与原始宗教和原始文字有关。良渚文化实证上下五千年历史，中国文明的曙光从良渚升起。

◎ 玉琮

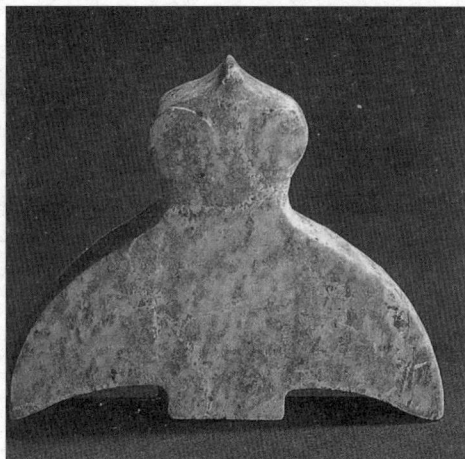

◎ 良渚文化中的鸟形玉器

◎ 欧贝德陶器

◎ 绳纹时代日本陶器

约公元前4300—前3500年

　　欧贝德文化时期，其居民驯服了动物，掌握了灌溉技术，种植小麦、大麦和亚麻。

　　欧贝德文化以农业为主，以陶器为代表，是苏美尔文明的前身。

　　在乌尔地区出土的欧贝德时期的彩绘陶器上，绘制有黑色的几何图形与鸟兽图案。这也是当前世界上最早的带有拎环和壶嘴的陶器。

日本

约公元前7500—前200年

　　日本绳纹文化是日本新石器文化。这一时期人们以坑居为主，晚期可能开始从事原始的农耕活动。

　　陶器是这一时期的代表器物，也被广泛用于祭祀活动。

古埃及

约公元前4000年代—前3100年

　　古埃及文明开始萌芽，进入铜石并用时代，出现城市公社性质的小邦。

　　约公元前3500年，进入涅伽达文化Ⅱ时期。这是史前文化的最后阶段，出现文字的雏形。

　　约公元前3100年，建成统一的国家。

中国古史传说

"三皇"

三皇是我国古史传说中三个较为优秀的首领。之前，对比他们身上的人类属性，在众多传说中，他们更多地被赋予了神话属性。

唐代历史学家所做的《三皇本纪》中记有两种说法：第一种是"伏羲、女娲、神农"；第二种则是"天皇、地皇、人皇"。

其他典籍对三皇的记载有所不同：《通鉴外纪》中认为三皇是"伏羲、女娲、共工"；而《白虎通》中认为三皇是"伏羲、神农、祝融"；《风俗通》里三皇是"燧人、伏羲、神农"。

燧人氏

在古史传说中，燧人氏又被称为"天皇""火祖"，教导人们钻木取火和食用熟食，结束了茹毛饮血的生活。

◎ 原始的狩猎工具

除了人工取火外，燧人氏还通过搓绳打结的方法——"大事打大结，小事打小结；先发生的先打结，后发生的后打结"，教导人们记录大小事务。

关于燧人氏的故事和发明还有很多，一些考古学家认为燧人氏并不是一个个体的人，更像是一个部落首领的集体称谓，即他们是一群人。从这一角度看，燧人氏诸多发明和传说也就容易理解了。

伏羲

古史传说时代，狩猎成为独立生产部门时期的代表人物是伏羲。他"教民以猎""取牺牲以供庖厨"。

据传伏羲还根据天地万物的变化，发明了八卦。八卦之中所蕴含的"天人和谐"思想被认为是中华民族的文化源头。

除了创立八卦，伏羲还被认为发明了文字和乐器、乐曲。

神农

关于神农的贡献，传说主要以其教人们开荒种地和尝百草开发药物为主。

在神农的带领下，先民用火将野草焚尽，然后再用石刀、石斧等工具在土地上种植作物，开辟了刀耕火种的新时代；神农尝百草，挑选出那些可以治病医伤的药草，帮助人们抵御疾病侵害，大大提高了先民

◎ 粟米

的生存能力。

对于神农和炎帝是否为同一人的问题，一些典籍中明确记载有"炎帝，神农也""炎帝即神农氏，炎帝身号，神农代号"等内容。

持反对观点的一方则认为：《史记·五帝本纪》中的"轩辕之时，神农氏世衰。诸侯相侵伐，暴虐百姓，而神农氏弗能征"，以及"炎帝欲侵陵诸侯，诸侯咸归轩辕"等内容表明炎帝和神农并不是同一时代的人。炎帝与黄帝应该都是神农氏之后，或神农氏统治末期的部落首领。

"五帝"

与三皇一样，关于五帝的说法也有很多种。司马迁在《史记·五帝本纪》中认为五帝依次是黄帝、颛顼、帝喾、帝尧和帝舜。

黄帝

黄帝被认为是五帝之首，姬姓，名轩辕，号有熊氏。

司马迁在《史记·五帝本纪》中写：在神农统治末期，神农部落势力衰落，诸侯纷纷反叛。黄帝因此勤习军事，讨伐这些反叛诸侯，使这些诸侯纷纷臣服。

黄帝又与炎帝大战于阪泉之野，在多次攻伐后击败炎帝。随后又与炎帝一同击败了桀骜不驯的蚩尤，统一了天下。因此，黄帝也被称为"人文初祖"。

黄帝在位期间，大力发展农业生产，创制文字、音乐，研习医药、数学，发明了养蚕、舟车和房屋。如此多的

◎ 黄帝

发明创造，应该不是黄帝一个人完成的，而是当时的部落百姓共同完成的，黄帝在其中起到了重要作用。

颛顼

颛顼号高阳氏，黄帝之孙（也有书记载颛顼是黄帝的曾孙）。屈原在《离骚》中写"帝高阳之苗裔兮"，其中的"帝高阳"指的就是颛顼。

关于颛顼，古史典籍中记载得并不多，但在诸多版本的五帝排序中，都有颛顼的存在。在位 78 年的颛顼，改革巫术与祭祀，创制九州，分定家室嫁娶，是中华文明逐渐形成过程中不可或缺的重要人物。

帝喾

帝喾号高辛氏，是五帝中第三位帝王，同时也是商周两朝的先祖。

帝喾是颛顼的侄子，在颛顼在位期间辅佐颛顼。颛顼死后，继承帝位。

作为帝王的帝喾体恤民众，以诚信和仁德治天下，广施恩惠，知人善任。通过探索天象，掌握了物候变化规律，划分出四时节令，将农耕文明带入新的时代。

《史记·五帝本纪》中对帝喾的记载也不多，其所做之事更多是继承前几位帝王的事业，为后世帝王奠定了发展的根基。

帝尧

帝尧号放勋，是帝喾之子。辅佐挚（帝喾另一子）治理国家，因挚"不善"，二十岁时取代挚成为天子。

相比于对颛顼和帝喾功绩的泛泛而谈，司马迁在《史记·五帝本纪》中对帝尧的功绩进行了热情洋溢的赞颂。

"其仁如天，其知如神"的帝尧，在位期间继续延续其先辈的事业。他建立了国家治理制度，命羲和制定历法，同时还发明了酒与围棋。这些功绩在很大程度上推动了当时社会的发展，为奴隶制国家产生奠定了基础。

帝尧所处的时代水患频发，帝尧派鲧治水九年，却毫无功绩。水患问题始终没有得到解决，直到帝舜起用禹之后，才彻底解决了当时的水患问题。

帝舜

帝舜号有虞氏，名重华，是黄帝的九世孙。司马迁在《史记五帝本纪》中写"天下明德皆自虞帝始"，是说帝舜是中华道德的创立者。

虽然是黄帝的九世孙，但自穷蝉被颛顼贬为庶人后，其后裔直到舜都是庶人。舜依靠自己的努力和德行赢得了众人的肯定，并成功通过了帝尧的考察。

舜在执政后，启用了许多名士来治理国家。其中，舜任命禹为司空，治水土；任命弃为稷官，掌农业；任命契为司徒，行教化。

在这些人中，禹接替舜成为新一任帝王，弃成了周族的始祖，契则成了商族的始祖。

最后想说的是，上古时代因为缺少文字，人们只能通过口耳相传的方式来传播祖先的事迹。在一代又一代人的口耳相传中，五帝的故事被不断赋予神话色彩。但是，最近50年的史前考古成果，已经证实了中国历史上确有一个五帝时代，具体的史实有待进一步探索和研究。

|第二章|
国家的产生和社会的变革

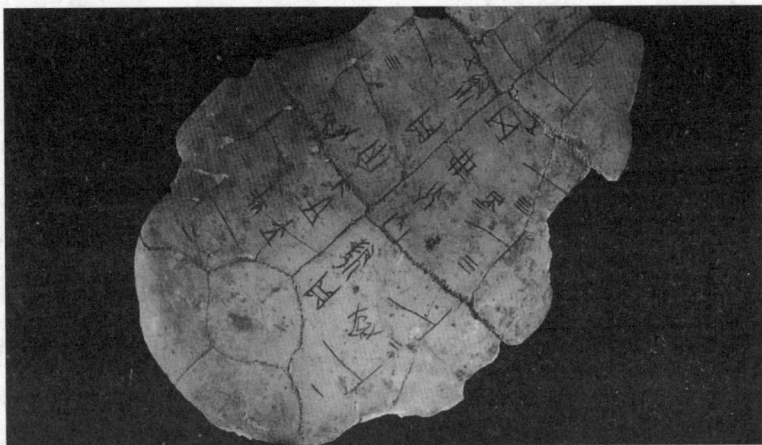

国家的产生是人类文明发展演变的一个重要事件。在国家产生之后，各种文明制度也开始迅速发展演化。中国早期国家文明的形成，并没有受到外界的影响，这在世界范围内是较为罕见的。

自夏朝开始，中国进入阶级社会，早期国家随之产生。其后的商周时期，以及春秋战国时期，我国正式进入阶级社会，真正意义上的国家也开始出现。在这一时期，中国社会发生了较大变革，奴隶制由鼎盛走向衰落，封建制国家开始出现。中国历史进入新的阶段。

夏商启蒙

夏的开启

悠悠中华史，上下五千年。在数千年的发展历程中，中华文明始终未曾断绝，这是人类历史上绝无仅有的奇迹。

中国是一个拥有灿烂文明的国度，现今文字可考的历史可追溯至 4000 年前。殷墟的考古发掘让商王朝真实重现在世人面前，二里头遗址的发现更是拉开了夏文化探索的帷幕。

除却古史时代，先秦三代可以看作是中华文明形成发展的开端，而夏王朝和商王朝的建立更是为后世王朝的兴盛发展开了先河。

夏朝早期主要在山西中南部的河内地区活动，晚期则迁移至河南中部的伊水、洛水流域。由此可见，河流对早期王朝的形成和发展具有至关重要的意义。

自夏启改"公天下"为"家天下"之后，世袭制度便在此后约 4000 年的历史中传续。夏王朝中枢与各部落间，在政治上存在分封关系，在经济上则存在贡赋关系。这些政治经济关系形式对后世产生了重要影响。

商的建立

夏的末年，君主夏桀无道，商部落的汤作《汤誓》为讨伐夏的誓师之词，随后率军进攻夏的国都阳城。

大约在公元前 1600 年，商汤在"鸣条之战"中击败夏军。桀被流放到南巢，夏朝就此灭亡。商汤则在亳建立了中国历史上的第二个王朝商朝。商汤制作了各种刑罚管理国家，《左传》载"商有乱政，而作汤刑"。

盘庚迁殷

商朝历史可以以"盘庚迁殷"为界，划分为早商时期和晚商时期。早商时期的商王朝频繁迁都。《竹书纪年》记载：商王仲丁自亳迁于嚣，河亶甲自嚣迁于相；《史记》则记载：祖乙迁邢、迁庇，南庚自庇迁于奄。盘庚最后自奄迁于北蒙，曰殷。盘庚迁殷后，商朝开始稳定下来，并逐渐发展至鼎盛。

作为奴隶社会的发展时期，商王朝建立起了官僚机构、典章制度和刑法法规。神权观念被商王信仰，统治者"尚鬼""尊神"的思想在一些卜辞上清晰可见。

武丁革新

商朝自盘庚迁殷后，王室内部的矛盾得到缓解，社会经济逐渐发展起来。到武丁时期，达到顶峰。

武丁即位后，励精图治，征伐四方，不仅扩大了疆土，同时也稳固了商王朝的统治。

武丁时期社会经济的发达从殷墟考古出土的文物中便可见一斑。偶方彝这样的国之重器表明当时的青铜冶铸技术已经十分高超。中国进入了青铜大繁荣时期。

世界同期历史

古埃及

公元前1938—前1600年

古埃及中王国时期，阿蒙涅姆赫特一世重新统一埃及。古埃及进入繁荣稳定时期，因为贸易的发达，政治、经济、文化和军事上都呈现出繁荣景象。在宗教上，阿蒙神和拉神组合成阿蒙-拉神。

古西亚

约公元前1900年

美索不达米亚地区的闪米特游牧民族迁徙到埃及地区。到公元前1900年左右，占有迦南地区。他们被称为希伯来人，意思是"流浪者"。

古巴比伦

约公元前1894—前1595年

两河流域闪米特人的一支亚摩利人称霸美索不达米亚平原，定都巴比伦，建立起一个强大的中央集权制国家。在国王汉谟拉比时期达到鼎盛。

武丁盛世为商朝后续发展奠定了坚实的基础，但其后几位商王却并没有延续这一盛世。从祖庚、祖甲到帝乙、帝辛，商王朝逐渐从繁荣走向衰亡。

夏商时期是奴隶制社会的开端，在这一时期形成的政治制度、经济基础、典章法令对后世王朝产生了深远影响。

◎ 四羊方尊

◎ 泥板上的阿蒙神

◎ 哈拉巴印章上的牛

◎ 《汉谟拉比法典》碑

古印度

公元前2350—前1750年

　　印度河流域早期文明——哈拉巴文化，农业是当时的主要经济部门，石器大量使用，青铜农具和武器也已出现。

商亡周兴

商的衰落

商王朝的衰亡与周边诸侯国实力不断增强有着重要关联。而在众多诸侯国中，周的兴盛和壮大无疑成为商王朝灭亡的"致命利箭"。

周人早期居于豳地，古公亶父时期周人迁徙到岐山以南的周原。

此后，周部族逐渐接受商王朝的政治文化体系。季历时，商与周的藩属关系更为密切。

《后汉书·西羌传》记载："太丁之时，季历复伐燕京之戎，戎人大败周师。后二年，周人克余无之戎，于是太丁命季历为牧师。自是之后，更伐始呼、翳徒之戎，皆克之。"

季历时期的周部族已经非常强大，这让殷商颇为忌惮。为了扼制周部族的发展，商王文丁先是嘉奖季历的"伐戎之功"，再将其囚禁于殷都害死。这一举措加剧了商与周之间的矛盾。

周灭商

姬昌继位后，因实力不足以与商朝对抗，所以继续臣服于商。因此，《后汉书·西羌传》有"乃文王为西伯，西有昆夷之患，北有猃狁之难，遂攘戎狄而戍之，莫不宾服。乃率西戎，征殷之叛国以事纣"的记载。

在臣服于商王的同时，姬昌一面在周发展生产，一面对周边展开武力扩张。在不断征伐过程中，周已经"三分天下有其二"。对此，《史记》说"天下三分，其二归周者，太公之谋计居多"。

文王姬昌死后，武王姬发继位。第二年，周武王观兵孟津，《史记》描述为"不期而会盟津者八百诸侯"。但从一些出土的甲骨文中可以看出，周武王的这次"孟津之会"其实是早有计划，而参与的诸侯也并没有八百之多。

公元前 1046 年，周武王率军与商军决战于牧野。武王的精锐士兵轻松击败了由奴隶和战俘组成的商军。经此一役，周武王直取朝歌，灭亡商朝，建立了周朝。

周公辅政

公元前 1043 年，周武王死后，周成王继位。由于成王年纪尚幼，武王之弟周公旦代为主政。这一举措引起了管叔鲜等人的不满，于是这些人联合帝辛之子武庚发起叛乱，"三监之乱"由此而来。

周公旦果断出兵东征。经过三年鏖战，武庚和管叔鲜被诛杀，蔡叔度被流放，霍叔处则被贬为庶民。

虽然叛乱得以平息，但经此一役后周公旦愈发感觉需要加强对东方地区的统治，因此做出在伊洛地区兴建新都的决定。

东都成周（洛邑）建成后，周公旦在这里建立了"殷八师"，专门负责征讨殷商遗民。同时，那些不愿臣服的殷商遗民也被迁入洛邑及一些诸侯国中。

世界同期历史

两河流域

公元前1700—前1500年

北闪米特人发明了由辅音字母组成的书写体系，后来逐渐影响到现代闪米特人、印度、欧洲，因此被认为是字母文字的祖先。

古希腊

公元前1600—前1100年

爱琴海地区继承了克里特文明的迈锡尼文明由盛转衰，走向灭亡。在此期间，出现了大量石头建筑和线形文字。古希腊青铜时代走过了最后一个阶段。

古埃及

约公元前1567—前1069年

在经历了混乱的第二中间期后，古埃及进入空前繁荣的新王国时期。繁荣带来的财富引来外敌的入侵。在外患和内忧的共同作用下，古埃及再次进入分裂时期。

通过一系列分封举措，周公旦再次实现了将殷商遗民分化管理的目的。

解决了殷商遗民问题后，周公旦还制定了西周的礼乐制度。"礼"是维护等级制度的政治准则、典章制度和道德规范的总称，"乐"则是为了配合礼仪活动制作的舞乐。

成康之治

在制作礼乐的第二年，也就是摄政的第七年，周公旦还政于周成王。对此，《尚书·大传》中有"周公摄政，一年救乱，二年克殷，三年践奄，四年建侯卫，五年营成周，六年制作礼乐，七年致政成王"的记载。

在陕西宝鸡出土的青铜器"何尊"上记载了周成王在成周对宗族小子何的训诰。同时，何尊铭文中还出现了"唯王初迁宅于成周"的记载，这说明周成王曾迁居到成周（洛邑）。在《吕氏春秋》中也能找到与此相印证的内容。

值得注意的是，在何尊铭文中还出现了"宅兹中国"四字。这是目前可考的"中国"的最早出处。这里的"中国"主要是指成周（洛邑）是天下的中心。

周成王主政后，周朝开始进入稳定发展时期。周成王继承先祖之治，勤于政

◎ 商代甲骨文

事，明德慎罚，极大缓和了不同社会阶级的矛盾。

公元前 1021 年，周成王去世后，其子姬钊即位，是为周康王。康王延续了成王的统治政策，进一步促进了周王朝经济文化的繁荣昌盛。

在此期间，周王朝的疆域也不断扩大。为了更有效地进行管理，成王和康王继续扩大分封制。周王朝的统治在更为广阔的区域得到增强。

在成康时期，周王朝进入最为强盛的阶段，后世将这段时期称为"成康之治"。

◎ 闪米特文字

◎ 克里特象形文字泥板

古西亚

约公元前1400—前1200年

赫梯人不断对外扩张，建立起强大的赫梯帝国。其疆界覆盖了安纳托利亚高原、地中海东岸和美索不达米亚等地区。

南亚

约公元前1500—前600年

印度进入吠陀时期，国家开始形成，城市重新兴起，宗教逐渐繁荣。这一时期的印度以畜牧业为主，铁器开始被用于生产生活中。

西周衰亡

"成康之治"后，周昭王与周穆王在与犬戎的对抗中占得上风。但到了周懿王时，犬戎等势大，开始不断侵扰。周宣王早期尚可与犬戎等对抗。但到了晚期时，周王朝愈发衰落。最终在周幽王时，犬戎大军攻周，灭亡了西周。

国人暴动

自周康王时起，西周社会的矛盾就变得异常尖锐，百姓民不聊生，贵族内部分化严重。

周厉王主政后，想通过高压政策将这些暴露出来的社会问题压制下去。他不仅对国人（居于都城之人）横征暴敛，同时还禁止国人"妄议朝政"。

这样一来，国人只得通过"道路以目"的方式进行交流。对于这一景象，周厉王却十分满意，丝毫不顾大臣劝谏，继续实行高压政策。终于，在公元前841年，引发了"国人暴动"。

愤怒的国人手持农具、渔具冲入宫中，要杀掉厉王。听到国人暴动，厉王想要调兵保护自己，却发现许多士兵都参与到暴动中。最终，他只得带领亲信仓皇出逃。

周厉王出逃后，西周的政事由几位德高望重的大臣共同商议决定，即"共和行政"。公元前828年，周厉王病死于彘地。周宣王继位后，虽然在对犬戎和荆楚的战争中取得了胜利，但西周尖锐的社会矛盾依然没有得到解决。

在连年征战中，西周国势更为衰微。最终在公元771年，周幽王时期，被犬戎所灭。

平王东迁

周幽王时期，除了社会矛盾尖锐外，周王室内部也出现了激烈斗争。宠幸褒姒的周幽王废掉了申后和太子宜臼，将伯服立为太子。这一举动直接导致了申后

世界同期历史

之父申侯勾结犬戎攻进镐京，杀了周幽王，灭亡了西周。

犬戎攻入镐京后，申侯拥立宜臼为君，即周平王，而其他周王室诸侯则拥立幽王之弟为君。在这一时期，周王室出现了"二王并立"的局面。

由于周平王为申侯所立，周幽王之死又与申侯脱不了干系，所以周平王在最初并不为一些诸侯所承认，尤其是那些周王室的旧贵族们。

历经战乱的镐京已经残破不堪，连年的自然灾害和强敌入侵也让周平王倍感不安。同时，还为了摆脱在镐京的旧贵族势力，周平王决定迁都洛邑，来培植支持自己的新势力。

公元前770年，周平王在郑、秦、晋等诸侯的护卫下，迁都洛邑。平王东

古西亚

约公元前1340—前612年

亚述人建立起强大的亚述帝国。通过不断对外扩张，灭亡了赫梯帝国和埃兰王国，称霸两河流域，控制了美索不达米亚平原、叙利亚、巴勒斯坦和埃及。

古希腊

约公元前1100—前750年

迈锡尼文明消亡，古希腊进入"黑暗时代"。氏族结成部落，进而组成部落联盟。至公元前8世纪，一些先进地区形成阶级社会，相继建立城邦。古希腊开始进入城邦时代。

约公元前8世纪—前710年

新的城邦国家纷纷建立，雅典和斯巴达崛起。斯巴达对美赛尼亚城邦发动战争，征服美赛尼亚。

非洲

约公元前11世纪—前751年

库施人建立起库施王国，古名努比

◎ 彩陶

迁不仅拉开了东周历史的大幕，深刻影响了周王室的未来，还给各个诸侯国带来了新的机遇与挑战。

相比于西周时期，东周时周天子的权力开始衰落，对诸侯的掌控力越来越小，既无法自保，也没办法抵御强敌，所以只能依靠各个诸侯国的保护。

东周时期的周天子更多是成了一个"天下共主"的象征和摆设。虽然各路诸侯在起兵行事时，曾经还需要得到周天子的允许，但这"允许"更多是一种流于

形式的行为。

此后，各个诸侯国开始利用周天子的"号召力"，大力发展自己的势力，肆意在周天子的"王土"上开疆扩土，从而开启了持续五百年的春秋战国时代。

亚，并渐渐进入强盛时期。公元前751年，征服埃及，并建立埃及第25王朝。

约公元前10世纪—公元7世纪

在今埃塞俄比亚境内，阿克苏姆王国建立。在公元4世纪，攻灭库施王国。公元7世纪时，在阿拉伯人入侵后走向衰亡。

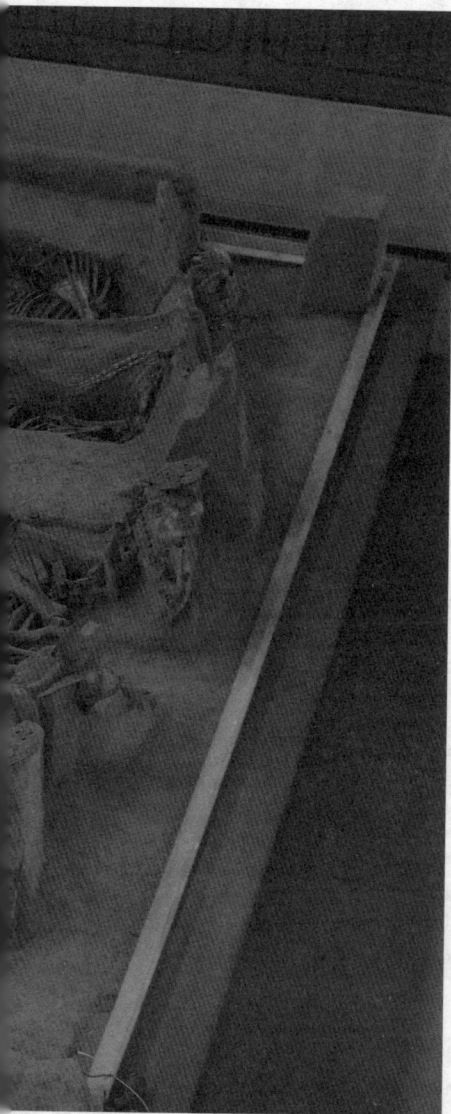

◎ 镐京遗址车马坑

商周时期的制度和文化

分封制与井田制

周武王灭商以后，开始实施分封制度，大封皇族及功臣。这是周代国家政权的组织形式。

在中央，周王是全国的最高统治者，下面设有两大官僚系统，分别为卿事寮和太史寮。

在地方，周王把土地分封给皇族和有功之臣，也就是诸侯。在分封制下，诸侯在封地范围内享有世袭的统治权。这些诸侯需要向周王承担义务。

周天子对各诸侯拥有较大的权威，诸侯要听命于他并且需要纳贡。大的诸侯可以兼任皇室的官吏。诸侯可以在自己的封国内设置官制，大略与皇室相同，还有各自的军队，成为一方之主。

西周还盛行井田制度。那时道路和渠道纵横交错，把土地分成一个个方块田，就像"井"字，所以称为"井田"。这些井田由统治者分配给庶民耕种。井田周边的八区为私田，中间一田为公田。公田由周边八家合耕，收获归统治者。

周礼

贵族对原始社会末期父系氏族阶段的风俗习惯进行发展和改造，创造了"礼"，用来统治人民和巩固贵族内部的关系。

《荀子·礼论篇》说："礼有三本：天地者，生之本也；先祖者，类之本也；君师者，治之本也……上事天，下事地，尊先祖而隆君师，是礼之三本也。"这里所说的"礼之三本"，天地代表神权，先祖代表族权，君师代表君权。后来统治者以天、地、君、亲、师作为礼拜的主要对象，就是根据这个理论。到了春秋后期，出现了"礼崩乐坏"的局面。

甲骨文

1899 年，国子监祭酒王懿荣无意中在中药"龙骨"上发现了一些奇怪的符号。素来对古董和金石文字感兴趣的他，觉得这不是一种胡乱涂写的符号，更像是一种古代文字。

王懿荣迅速派人去药店将能够找到的"龙骨"全部买下，但还没来得及仔细研究，就遇上八国联军侵华，他投井身亡。

王懿荣收集的"龙骨"几经辗转到了刘鹗手中。刘鹗自己也收集了大量"龙骨"，并拓印成一本叫《铁云藏龟》的书，这是有关甲骨文内容的第一次公开出版。

不久后，学者孙诒让根据《铁云藏龟》的内容，出版了《契文举例》，这是甲骨文考释的第一本专著。自此以后，甲骨文研究开始引起学术界的广泛关注。

在可识的汉字中，甲骨文是最古老的文字体系。这些文字都是商王朝利用龟甲兽骨占卜吉凶时写刻的卜辞和与占

世界同期历史

古埃及

约公元前1379年

阿蒙霍特普四世进行宗教改革，废除其他一切主神崇拜，推崇太阳神阿吞神为宇宙间唯一的神。

此次改革削弱了神职人员的特权，加强了君主专制统治。但因为没有得到底层民众支持，所以在其死后改革成果便荡然无存。

古西亚

约公元前1290—前586年

希伯来人信奉耶和华为唯一神，其宗教主要以耶路撒冷的神庙和祭司为中心。

约公元前1200—公元140年

《旧约》讲述上帝与犹太民族在西奈山订下盟约，在此时期成书。

通常所说的圣经主要指基督教圣经，包括《旧约》和《新约》两部分。

卜有关的记事文字，为盘庚迁殷到商纣灭亡间的遗物。

《礼记·表记》中有"殷人尊神，率民以事神，先鬼而后礼"的记载。商朝时期，无论是国家大事，还是个人生活，人们都会求神问卜、预测吉凶。商王在处理国家大小事务前，都会用甲骨占卜。商朝灭亡之后，这种占卜在周初仍然存在，但在此后逐渐消亡。

金文

金文是铸刻在商周青铜器上的铭文，又被称为钟鼎文。作为一种古老的文字体系，金文与甲骨文一样，具有重要的史料价值。

虽然在夏朝晚期就已经产生了文字，但由于青铜铸造技术较为原始，那时的青铜器上还没有出现文字。

伴随着青铜铸造技术的不断发展，到了商朝早期，青铜器上开始出现铭文。但这一时期的青铜器上铸造的铭文并不多，一般只有一两个字，至多不超过五个字。即使到商朝末年，字数达到几十字的青铜器也较为少见。

甲骨文在商朝兴盛，青铜铭文则在西周时期迎来了大发展。伴随着周礼的创制，西周时期的青铜铭文在内容上也变得越来越丰富。

西周铭文继承和发展了商朝的书体风格，在内容上主要记载西周时期社会政治、经济、军事、礼仪、法制等方面的重要历史事实。通过比对青铜铭文和后世史书资料，可以帮助我们更好地认识当时的历史事实。

周代青铜铭文在篇幅上要比商代青铜铭文长很多，长篇书史铭文的出现是西周青铜铭文发展的重要特征。在一些西周出土的青铜礼器上，常可以看到歌功颂德、记述王命的长篇铭文。

作为先秦时代重要的文字，甲骨文和金文具有重要的历史意义和历史价值。

◎ 铭文

◎ 古希腊文字

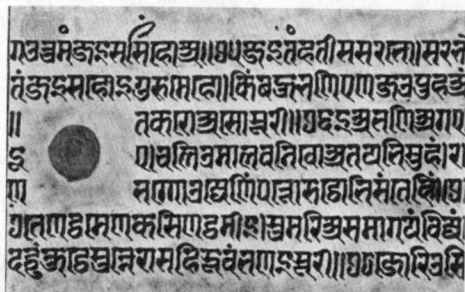

◎ 古印度文字

◎ 古埃及文字

美洲

约公元前1150年

美洲早期文明诞生，居住在今墨西哥南部的奥尔梅克人发展出了高度的文明，以圣劳伦索和拉文塔两地为代表。

古印度

约公元前1000—前600年

后吠陀时期，婆罗门教形成，"梵天"成为最高神。因为负责主持祭祀，婆罗门成为社会中心。

古希腊

公元前6世纪—前4世纪

在奴隶制基础上，雅典民主政治逐渐发展起来。这是一种集体管理的新形式，具有历史的进步性，但同时也存在一定的局限性和狭隘性。

古希腊人开始在陶、金属、大理石等硬质载体上刻写字母文字。从法律、法令、账目等"官刻"到墓志铭、题献等"私刻"，这些与当时政治、文化、宗教、经济以及人们日常生活等息息相关的内容，被永久记录下来。

青铜时代的辉煌

在考古学上有一种按照人类使用工具的器质划分历史阶段的方法，青铜时代正是由此而来的。

《越绝书·外传记宝剑》中有"轩辕、神农、赫胥之时，以石为兵……至黄帝之时，以玉为兵……禹穴之时，以铜为兵……当此之时，作铁兵，威三军"的记载。

就是说，在三皇时期中国是石器时代，黄帝时期进入玉器时代，夏商西周时期是青铜时代，而到了春秋战国则进入了铁器时代。

工具器质上的变化是一种表象。在这种表象之下，不同时代真正变化的是社会生产力水平以及社会生活方式。

从当前考古发掘来看，中国人可能早已经开始冶炼青铜了。到了夏商周时期，青铜冶炼技术获得了较大进步，由此，中国开始了大面积冶铸和应用青铜器的历史。

二里头遗址的青铜器

从偃师二里头遗址的考古发现来看，无论是青铜兵器，还是青铜礼器，都说明了夏朝时期中国已经进入青铜时代。

二里头遗址中发现的青铜器主要以礼器和兵器为主。这里出土的青铜容器是中国最早的青铜容器，整体上制作工艺并不算精美，器物上面还没有花纹。这些都是早期青铜器的特点。

除了青铜器，二里头遗址中还发现了青铜器铸造作坊。这个作坊遗址的面积将近1万平方米，整体规模庞大，结构复杂，是迄今为止我国最早的青铜器铸造作坊。通过考古发掘可以判定这个作坊从二里头文化早期到最末期一直都在使用。

二里头遗址中发现的青铜器，主要出现在二里头都邑社会上层的墓葬之中。像青铜礼器等，是上层统治阶级才能享用的。

殷墟遗址的青铜器

在夏朝的基础上，青铜文明在商朝正式进入鼎盛时期。

青铜器的主要材料是铜和锡。在刚刚铸造出来时，颜色是金黄色的，而不是现在我们看到的青色或绿色，所以这些青铜容器摆放在一起，金灿灿的样子才能衬托出使用者尊贵的身份。

粗略来分，殷墟出土的青铜器主要有食器、酒器、乐器、工具和兵器几大类。

食器主要有鼎、甗、簋等几种。鼎是用来煮肉的，甗是用来蒸食物的，簋则是用来盛放食物的。在殷墟出土的一

◎ 精致的商代青铜器

世界同期历史

安纳托利亚地区

约公元前6500年

安纳托利亚高原上的人们开始使用铜器，开始从石器时代进入铜石并用时代。

约公元前3500年

安纳托利亚的部分地区进入青铜时代早期，随后产生了奴隶制国家。

古希腊

约公元前3500年

爱琴海南端诸岛屿进入青铜时代。克里特岛在米诺斯文明时期也进入了青铜时代，在约公元前2000年。

南亚

约公元前2500年

南亚次大陆印度河流域地区广泛使用青铜工具和武器，印度河文明产生。工匠们能够使用焊接法制造金属器具，同时在上面铸刻铭文。

些鼎中，原有的肉已经腐烂消失，只剩下了一些骨头。

殷墟中出土的酒器很多，除了觚、爵等，还有尊、瓿、壶等。虽然都是盛装酒水的，但这些酒器在使用时还是有些许不同的，比如尊和壶主要是用来存放酒的，而觚和爵则是用来喝酒的。

一般来说，觚和爵是配套出现的，在墓葬中觚和爵套数越多，墓主人的身份也就越尊贵。成语"加官进爵"中的"爵"，是爵位的意思，就源自这里。

在商王武丁配偶妇好的墓中，出土了大量的随葬，其中仅出土的青铜器总重就有 1.6 吨。妇好墓中出土的青铜器基本涵盖了殷墟青铜器的所有种类，而且大多是以成套形式出现的。

妇好墓的发掘对于考古学家研究商朝历史具有重要意义，如此多的青铜器具也反映出当时商朝强盛的国力，以及发达的青铜铸造工艺。

青铜铸造技术

商朝时期的青铜铸造技术非常发达。在殷墟遗址中出土了许多模和范，商代的工匠正是通过这两样工具完成了诸多青铜器的铸造。

首先，工匠们需要根据所需青铜器的形状和花纹，用泥做一个实心的泥模，上面雕出主要的花纹。这就是"模"。等到模晾干后，工匠需要再在模外面按上一层泥，这样就得到了"范"。所以"模"是青铜器的原型，而"范"则是青铜器的外壳。

其次，工匠需要精修"范"上的花纹，保证花纹工整清晰。修整完"范"之后，工匠还

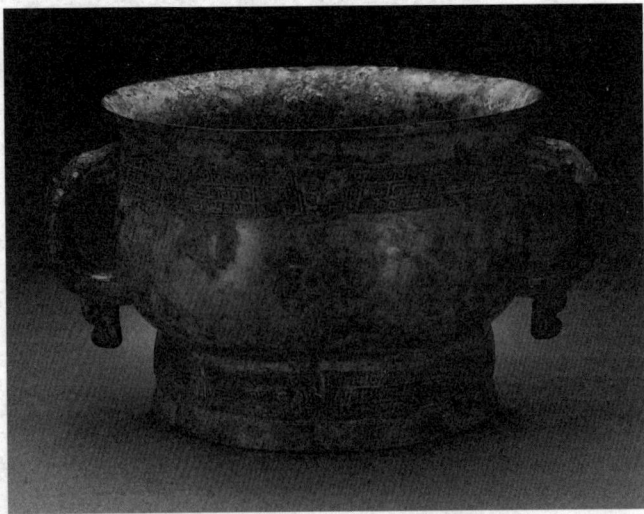

◎ 商代青铜器上的花纹

需要在原先的模表面刮去一层，成为一个泥芯。将泥芯和"范"装配在一起后，二者之间便会出现一个空腔，其厚度就是青铜器的厚度。

最后，工匠需要将铜与锡熔化后，浇入其中，逐渐填充泥芯和范之间的空腔，从而形成一个带有纹饰的青铜器。只要等到金属溶液冷却成形后，再将范砸掉，简单修正青铜器就可以了。

商朝的青铜铸造技术后扩散到周边地区，与这些技术一同传播开的是商朝繁荣的青铜文明。在青铜冶铸技术的带动下，越来越多的地区进入青铜时代。

东南亚

约公元前2000年

越南红河流域出现青铜文明。公元前600年，菲律宾开始出现铜器和铁器。

美洲

约公元前11世纪

中南美出现青铜手工业，秘鲁和玻利维亚是主要冶铸中心。青铜冶铸技术随后逐渐传入智利、阿根廷、墨西哥和北美地区。

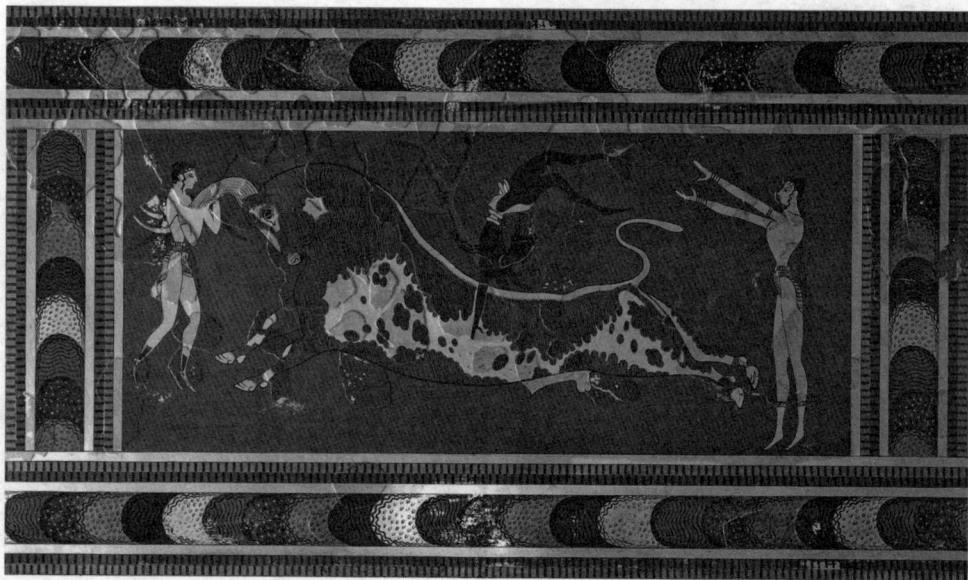

◎ 米诺斯文明的壁画

春秋争霸

周平王迁都后，周王室变得越发衰落，而各个诸侯国则竞相发展壮大。

从公元前 770 年到公元前 476 年，各诸侯国为了争夺土地和财产，开始不断征伐鏖战，迫使其他诸侯臣服于自己，中国历史开始进入春秋时代。

在春秋诸侯争霸过程中，涌现出了诸多霸主，其中较为出名的五个人被称为"春秋五霸"。关于"春秋五霸"，不同史料典籍的记载有所不同。

《荀子·王霸》中认为"春秋五霸"为齐桓公、晋文公、楚庄王、吴王阖闾、越王勾践；《汉书注·诸侯王表》则认为"春秋五霸"为齐桓公、晋文公、秦穆公、宋襄公、吴王夫差；《史记索隐》中认为"春秋五霸"为齐桓公、晋文公、秦穆公、楚庄王、宋襄公。

可以看出，在诸多典籍中，齐桓公和晋文公始终处于"春秋五霸"的前列，变化的多是后面几位霸主。

齐桓公称霸

齐桓公是"春秋五霸"之首，同时也是一位毫无争议的春秋霸主。

齐桓公是齐国的第十五位国君。在他继位时，齐国政权不稳，局势混乱，在各个诸侯国中，实力不是最强的。

齐桓公继位后，任用曾箭射自己的管仲为相，推行改革，使得齐国的政治和经济实力逐渐强盛起来。此后，齐桓公打出"尊王攘夷"的旗号，九合诸侯，征伐山戎和楚国，最终成为春秋时期的第一位霸主。

在齐桓公称霸中原的过程中，发生过几次重要的会盟，正是这几次会盟奠定了齐桓公的霸主地位。其中比较重要的两次会盟分别是召陵之盟和葵丘之会。

召陵之盟是齐桓公与楚国在召陵订立的盟约，这可以看成是齐桓公"尊王"的又一次胜利。在此次会盟后，齐桓公进一步巩固了自己的霸主地位。

葵丘会盟是齐桓公所召集的诸侯会盟中规模最大的一次。除了众多诸侯国君参与外，周襄王也派代表给齐桓公送来了祭肉，以及珍贵的车子和弓箭。

葵丘会盟之后，齐桓公的霸权达到顶峰，这次会盟也标志着齐桓公正式成为春秋的首位霸主。

晋文公称霸

晋文公重耳在登上君位之前，经历了很长时间的流亡生活，其间遭遇了千

◎ 古波斯的浮雕

世界同期历史

环地中海

约公元前814年

迦太基人在北非地中海边建立迦太基城，逐渐发展成为独立的奴隶制国家。公元前 3 世纪后，与罗马展开一系列战争。

约公元前800—前600年

伊特拉斯坎人开始在意大利半岛中北部建立城邦联盟。

古希腊

约公元前750—前600年

希腊在地中海和黑海沿岸建立殖民地子邦。

约公元前492—前449年

波斯帝国与雅典展开希波战争，但两次大战争都以希腊人的取胜而告终。

公元前431—前404年

伯罗奔尼撒战争时期，几乎所有

难万险。在秦国时，重耳受到了秦穆公盛情款待，并在秦穆公的帮助下，取代晋怀公，成为晋国的新国君。"秦晋之好"也是在那个时候结成的。

晋文公继位后，任用狐偃、先轸等人，置三军六卿，大大增强了晋国的国力。又联合秦、齐两国保宋制郑，平定周王室子带之乱，受到了周襄王的大力赞赏。

公元前632年，晋文公采用先轸的计策，联合齐、秦两国对抗楚国，双方在城濮展开了一场大战。

为了报答在流亡时楚成王对自己的礼遇，晋文公在交战中主动退让九十里，即"退避三舍"。其实，从另一方面讲，晋文公的主动后撤，也是诱使楚军轻敌深入的一种计策。

楚将子玉果然中计，率军贸然前进，但此时，晋军早已摆好阵势，一场大战后，子玉带着残兵败将逃回楚国，后自杀身亡。

城濮之战后，晋文公在践土大会诸侯，周襄王应邀参加。晋文公将战争中获得的俘虏和战利品悉数献给周王，其中包括步兵一千，披甲驷马战车一百，兵器盔甲数十车。

周襄王对于晋文公的举动非常满意，册封晋文公为"侯伯"，希望其能恭敬尊崇天子的命令，安定四方诸侯，永保周天子之位。

践土之盟后，晋文公确立了自己在诸侯中的地位，成为春秋时代的又一位霸主。

楚庄王问鼎中原

在城濮之战中，楚国虽然大败，但却并未伤及国本。此后，楚国一直在积蓄力量，寻求自己称霸中原的时机。

在崤之战后，秦晋关系恶化，秦国开始寻求与楚国一起从西、南两面制衡晋国。晋国只能分兵对抗秦、楚两国。这些都为楚国称霸中原提供了机会。

公元前613年，楚庄王登上王位。在主政的前三年中，他不问政事，沉湎于声色犬马中。到了第三年，他开始大力整顿政事，清除奸佞，任用贤人，将楚国的军政和经济实力提升到了一个新的层次。

公元前606年，楚庄王出兵北伐，周定王派使者慰劳楚军。借此机会，楚庄王向使者询问"周天子的鼎有多大多重"，使者自然知道楚庄王话中的意思，在一番论辩之后，楚庄王便不再继续追问。

在"问鼎中原"后，楚国与晋国进行了长时间交战，最终在邲之战中大败晋军，这一战让楚国声威大震。而后楚

◎ 战场上的亚历山大大帝

◎ 《巴比伦之囚》

希腊城邦都参加了这场战争。战争过后，斯巴达成了希腊世界的霸主，但希腊也由此开始由盛转衰。

古印度

约公元前6世纪—前2世纪

印度进入第二次城市繁荣时期，即佛陀时期。

这一时期印度出现了摩揭陀、迦尸、只萨罗、跋只等16个国家。

古罗马

公元前753—前509年

古罗马正处于王政时代，氏族制度逐渐向城邦过渡。在一系列改革后，逐渐形成奴隶制国家。

古埃及

约公元前671—前332年

公元前671年，亚述人开始进攻埃及，洗劫了底比斯神庙。埃及被分裂，由亚述在当地的代理人管理。后在26王朝重新统一。

公元前525年，波斯帝国征服埃及，并将埃及划入自己的统治范围。波斯对埃及的统治在亚历山大大帝入主埃及时才结束。

庄王继续进攻中原其他诸侯，最终饮马黄河，成为春秋时期的又一位霸主。

吴王阖闾

阖闾通过"专诸刺王僚"夺得吴王之位。在继位之后，他任用伍子胥和孙武等人，强兵兴国，振兴霸业。经过一系列改革后，吴国拥有了强大的经济和军事实力。

在吴王阖闾登上王位之前，吴楚之间就已经是矛盾不断、连年征战。阖闾完成改革后，又重新向楚国发起了进攻。

公元前506年，经过一系列鏖战后，吴军成功攻入楚国的郢都。公元前504年，阖闾派太子夫差再次征讨楚国，攻取了楚国的番邑，这使得吴国的声威传遍中原地区。

越王勾践

勾践是夏禹的后裔，越王允常之子。在登上王位的当年，勾践在檇李之战中击败吴王阖闾的军队，阖闾在此战中重伤而死。

公元前494年，越国的军队被吴王夫差击败于夫椒。勾践被困会稽山，只得向吴国求和。随后，勾践在吴国做了三年奴仆，才获得吴王信任，放他归国。

三年的奴仆生涯让勾践每日卧薪尝胆，回到越国后的他重用范蠡和文种，使越国国力逐渐恢复。

公元前482年，越王勾践趁吴王夫差参加黄池之会的时机，偷袭吴都姑苏，大获全胜。随后在公元前478年，勾践再度攻吴，并在笠泽之战中大败吴军。

公元前473年，吴都被攻破，吴王夫差自尽。越王勾践在徐州会盟诸侯，成为春秋时期最后一位霸主。

春秋争霸是周王室衰落之后一些诸侯国展开的长期争霸战争。在这段时间内，称霸的诸侯国都通过改革增强实力，并通过征伐与会盟确立了自己的霸主地位。

由于没有哪个诸侯国有能力真正取代周王朝，因此，这一时期并没有形成一个新的统一王朝。在春秋争霸之后，中国历史迎来了一个更为混乱的战国时代。

◎ 春秋战国青铜编钟

西亚

公元前612—前539年

迦勒底人联合米提亚人灭亡亚述帝国，建立新巴比伦王国。

公元前586年，新巴比伦王尼布甲尼撒二世再次攻下耶路撒冷，并将大批犹太人迁往巴比伦，史称"巴比伦之囚"。

◎ 亚述人浮雕

战国称雄

在春秋时代之后，中国历史进入战国时代。春秋与战国在历史上并没有明确的界限，史学界多视韩、赵、魏三家分晋和田氏代齐为春秋战国分界的主要事件。

战国时期各诸侯国间的争斗更为激烈，想要获得更多的资源和空间，就必须征服别人，掠夺别人的土地。在纷乱的战国时代中，没有哪个国家能够偏安一隅，战乱与征伐是当时的主旋律。

三家分晋

晋文公在称霸过程中建三军设六卿，六卿是三军的将佐。他们出将入相，执掌晋国的军政大事。

晋国六卿主要由当时的十一个氏族把持。晋文公在位时，大权独揽，晋国六卿共同辅佐晋文公称霸中原。但到了晋平公时，他们开始互相倾轧。最终在公元前453年时，晋国的大权落在了韩、赵、魏三大氏族手中。

公元前403年，周威烈王封韩虔、赵籍、魏斯为诸侯。公元前376年，韩、赵、魏三家诸侯废掉晋静公，瓜分了晋室的全部土地，史称"三家分晋"。

田氏代齐

公元前672年，陈公子完逃到齐国避难，成为最早的齐国田氏。此后，田氏后人逐渐得到齐国民众的支持，一步步掌控了齐国的国政。

公元前481年，田恒杀齐简公与诸多齐国公族，进一步把持齐国政权。公元前386年，已自立为国君的田和，被周安王册封为诸侯。此后的齐国虽然仍以"齐"为国号，但新的齐国已经是"田齐"而不是"姜齐"了。

三家分晋与田氏代齐都代表春秋时代晚期，各诸侯国中士大夫专政夺权运动的高潮。周天子对于这种诸侯国内部的政权之争，早已经无法控制，只能听之任之。

经历了三家分晋与田氏代齐后，战国时代基本形成了七雄争霸的局面。齐、楚、燕、赵、韩、魏、秦这七个实力较强的诸侯国间为了扩张领土和争夺霸权，展开了旷日持久的兼并战争。

魏国称霸

公元前4世纪，魏国以富国强兵为目标，进行变法，实力大为增强，一举成为战国初期最为强盛的国家。在这一时期，齐国与魏国展开了两次较为著名的战争，最终形成了双方均势于东方的局面。

公元前354年，赵国攻卫时，自己的都城邯郸却被魏军包围。赵国只得向齐国求援，齐国派出大将田忌，采用孙膑"围魏救赵"的计策，进逼魏都大梁。攻下邯郸的魏军不得不撤兵回援本国，但在桂陵被齐军击败。

公元前342年，魏国进攻韩国，韩国向齐国求援。齐国依然派田忌和孙膑搭档，在马陵设置埋伏圈，大败魏军。

在齐魏交战的过程中，秦、赵两国也对魏国展开进攻。在接连惨败后，魏国逐渐没落。

在魏国称霸的这段时间中，齐、秦、

世界同期历史

中亚

公元前539年

居鲁士二世击败米提亚人和亚述人，同时吞并了吕底亚和新巴比伦，建立波斯帝国。

公元前513年，波斯成为横跨欧亚非三大洲的庞大帝国。

古罗马

约公元前509—前27年

共和时代早期，政权掌握在罗马贵族手中，并逐渐形成寡头共和政体。在平民与贵族的斗争中，古罗马共和政体才逐渐形成。

美洲

约公元前4世纪

玛雅文明建立早期奴隶制国家，并逐渐发展壮大。

古希腊

公元前4世纪—前334年

在菲利普二世统治下，马其顿逐渐

楚、赵等国纷纷进行变法，逐渐变得强大起来。在魏国霸业陨落之后，战国才真正进入诸侯并起的时代。

合纵连横

魏国衰落以后，秦、楚、齐成为实力较强的三大诸侯国。在这一时期中，各个诸侯国时而对抗，时而联合。在军事斗争之外，在政治方面也出现了合纵与连横的斗争。

合纵与连横是战国时期各大诸侯为拉拢其他国家而进行的联合行动。合纵主要是联合南北纵列上弱小国家，共同对抗秦、齐等强国的兼并战争；连横则是秦、齐等强国拉拢周边国家，共同进攻其他国家。战国时期较为著名的纵横家主要有三人：苏秦、张仪和公孙衍。

这一时期既有公孙衍"五国相王"的合纵之举，也有张仪"以魏合于秦、韩而攻齐、楚"的连横之策。合纵连横对战国形势产生了深远影响，同时也深刻影响了众多诸侯国的命运。

公元前312年，楚国两次攻秦惨败，退出了争夺霸权的行列。此后一段时间，主要是秦齐两国争夺霸权。

公元前298年，齐、韩、魏三国攻秦，历时三年破函谷关，秦被迫求和。秦昭王打算联合齐国，对赵国展开进攻。在苏秦的游说下，公元前287年，齐国再会合燕、韩、魏、赵，五国军队攻秦，秦国后来被迫割地求和。

秦齐争霸的前期，秦国始终处于下风。齐国凭借合纵诸侯连破秦军，使得秦的势力始终无法向中原地区蔓延。

秦灭六国

公元前286年，齐灭宋，在彰显国威的同时也引起其他诸侯国的不安。公元前284年，燕国联合秦、韩、赵、魏共同伐齐，大败齐军。自此，齐国逐渐失去了与秦国相抗衡的能力。

赵武灵王胡服骑射后，赵国的军事实力大为增强。在齐国衰落后，赵国成为东方实力最强的一家。秦国想要向东方扩张，就必须像对抗齐国一样，铲除赵国。

秦自商鞅变法之后，国力日渐增强。再经过秦惠文王、秦武王以及秦昭襄王几代君王的治理，已经形成了较为完善的中央集权统治。军队建设方面也取得了很大成就。

公元前278年，秦攻破楚都郢城，正式拉开了统一天下的大幕。秦昭襄王采用范雎进献的"远交近攻"之策，集中力量先攻打临近，最后再剪除其他距离远的。

公元前262年，秦与赵战于长平。这场战争是秦统一战争中最为艰苦，也最为惨烈的战争。在长平之战中，赵国损失了四十多万兵力，自此便开始衰落下去。

长平之战后，已经没有哪个诸侯国可以与秦国相抗衡了。公元前241年，赵、楚、魏、韩、燕五国展开最后一次合纵攻秦，却在函谷关被秦军击败。此后，秦便开始逐一消灭其他诸侯国，到公元前221年完成了统一天下的壮举。

成为军事强国。公元前338年，马其顿在喀罗尼亚大败希腊联军，取得了对整个希腊的控制权。

公元前334年，亚历山大大帝渡海东征，建立起地跨欧亚非三大洲的庞大帝国。

古埃及

约公元前305年

亚历山大大帝死后，埃及总督托勒密一世在埃及开创了托勒密王朝。自称为埃及法老，统治着埃及及周边地区。

古印度

约公元前321—前185年

旃陀罗笈多统一北印度，建立孔雀王朝。

旃陀罗笈多统治时期，击败了来自马其顿的入侵者塞琉古，并获得了印度河西北部地区的一部分土地。此后，孔雀王朝在旃陀罗笈多的儿子频头娑罗和孙子阿育王手中继续发展壮大。

阿育王统治时期，该王朝成为南亚地区第一大帝国，佛教也逐渐兴盛，并广泛向外传播。

百家争鸣

春秋战国时期，各诸侯国之间相互征伐，整个社会动荡不安。在这种动荡的环境中，中国历史迎来了第一个思想大发展时期。历史学家将这一时期中各种学派涌现、各种思想竞逐的现象称为"百家争鸣"。

在那个礼崩乐坏的年代，在动荡的生活中，知识分子们开始传播自己对诗书礼乐的理解，以及对时局的认识。他们通过讲习授徒的方式，来传播自己的学说。那些广纳门徒的知识分子们，以自己的思想为中心，建立起了各种不同的流派。

礼崩乐坏给人们带来的另一方面影响，就是不同阶层的人现在都可以接受教育。这进一步扩大了各流派思想的传播范围和影响，也成为当时思想发展的一个重要助力。

根据《汉书·艺文志》的记载，这一时期能够叫得上名字的思想流派就有189家。而《四库全书总目录》中记载的诸子百家更有上千家。

但在传播演化过程中，只有10家流传较广、影响较大的思想流派发展成为学派。这10家分别是法家、道家、墨家、儒家、阴阳家、名家、杂家、农家、小说家和纵横家。

儒家

儒家学派以孔子、孟子和荀子为代表，其思想对中国历史文化发展产生了深远影响。

儒家学派以"礼、乐、射、御、书、数"六艺为教育方法，崇尚"仁义""礼乐"，提倡

◎ 孔子

"忠恕""中庸",主张"德治""仁政"。儒家思想非常注重个人品格修养和社会道德伦理教养的养成。

儒家学派主张"以礼治国,以德服人",认为"周礼"是治国理政的理想方略。

孔子是儒家学派的创始人,首创私学,打破了贵族垄断文化教育的局面。主张"有教无类""因材施教",广纳不同阶层的门徒传授知识。

《论语》集中体现了孔子的言行和思想,是其弟子及后人编著。孔子整理编著的《诗》《书》《礼》《易》《乐》《春秋》被后人称为"六经"。现在《乐》已经基本散佚,只剩下"五经"传世。

孟子是继孔子之后儒家的又一位集大成者。孟子主张性善论,认为人们需要通过内省的方式来保持自己与生俱来的仁、义、礼、智四种品德。同时,他还强调人们需要用"礼义"来约束自己的言行,在必要时刻要"舍生取义"。

他还提倡"仁政"思想,提出了"民为贵,社稷次之,君为轻"的论断。这一思想为唐太宗所认可,并将其作为自

世界同期历史

古希腊

约公元前6世纪

泰勒斯创立米利都学派,阿那克西曼德和阿那克西米尼是该学派的代表思想家。

米利都学派的思想家试图用物质来解释世界,其观点多是朴素的唯物主义观点。这一学派被认为是西方哲学的开创者之一。

约公元前5世纪—前4世纪

希波战争后,哲学家们为了适应民主政治,纷纷提出自己的观点,并四处传播自己的主张。

后世将这些活动称为"智者运动",其中的主要代表人物为普罗塔戈拉和高尔吉亚。

公元前307年

希腊哲学家伊壁鸠鲁创立伊壁鸠鲁学派,其认为哲学的目的是通过理性的生活实现幸福。

己治国理政的一个重要方针。

儒家学派在汉武帝时期得到重视，汉武帝"罢黜百家，独尊儒术"的政策促进了儒家思想的传播与发展，确立了儒家思想在中国传统文化中的主要地位。

道家

道家学派以老子和庄子为代表，其以"道"作为理论基础，运用"道"来解释宇宙万物的本质和变化。

老子的思想集中体现在《道德经》中。他提倡"清静无为""道法自然"，认为天地万物自有其生化演变的规律，人们应该顺其自然。

老子的思想中还蕴含着丰富的辩证法思想，认为任何事物都是对立统一的，矛盾双方可以相互转化。"无为而治"则是道家最为基本的政治思想。

◎ 老子骑牛

庄子是继老子之后战国时期道家的代表人物，其思想根源于老子，又对老子的思想有所开拓和发展。

庄子的思想集中体现在他和门人共同编著的《庄子》之中。他提倡齐物论，认为世间万物都是浑然一体的，它们始终在向其对立面转化。

在治国理政方面，庄子继承了老子的"无为而治"思想，认为治理国家要顺其自然，如"水行要乘船，陆行要乘车"。

西汉初期，文帝、景帝在治国理政时，就是采用了老子的"无为而治"思想。通过"轻徭薄赋""与民休息"的政策，西汉迎来了"文景之治"，为以后汉武

帝反击匈奴奠定了坚实的基础。

墨家

墨家学派的创始人是墨子，该学派以"兼相爱，交相利"思想为基础，主张尚同、非攻、非命、强本节用、尊天事鬼。

所谓"兼爱"，是指要无视亲疏贵贱，一视同仁地去爱别人；而"非攻"则是强调战争的残酷性，反对攻伐之战；"非命"则是墨子对儒家"天命"思想的反驳，提出人定胜天、事在人为的观点。

墨家学派的成员多来自社会下层，

约公元前300年

芝诺在雅典创立斯多葛学派，该学派认为"世界理性"决定着事物的发展变化。这里的"世界理性"所指代的其实是神性，因此该学派是唯心主义的。

中亚

约公元前6世纪

琐罗亚斯德在伊朗地区多神教的基础上，创立了琐罗亚斯德教。

该教派是古波斯帝国的国教，中国曾称之为"拜火教"。该教派经典主要是《阿维斯塔》，也被称为《波斯古经》。

◎ 《雅典学派》

其思想多代表广大平民的利益。比如其反对世卿世禄制度，认为官吏任用要打破等级观念，量才适用，使"官无常贵，而民无终贱"。

墨家学派的代表著作是《墨子》，其中除了记录了墨子及其门徒的思想主张，还记录了一些逻辑学、数学、光学和力学方面的知识。

墨家学派的思想在纷乱的战国时期得到了广泛传播，诸子百家中的其他学派也对其进行了吸收和利用。但在战国后期，尤其是秦统一六国之后，墨家思想开始逐渐不受重视。

法家

春秋时的管仲和子产等人是法家思想的先驱。法家学派前期的代表人物主要有李悝、商鞅、申不害、吴起等，后期的集大成者则是韩非。

法家学派的代表人物都是改革者，他们通过帮助诸侯国施行改革，来实现诸侯富国强兵、称霸中原的野望。其所代表的是新兴地主阶级的利益，其学说为建立封建君主专制的统一王朝提供了理论支持和行动指南。

法家学派在经济上，主张废井田，奖励耕战；在政治上，主张废分封，设郡县，以严刑峻法治天下；在思想上，主张罢黜百家学说，以法为教，以吏为师。

现存较为重要的法家著作主要有《商君书》和《韩非子》。《韩非子》是韩非总结法家前期思想而写就的著作，其中提到了将"法""术""势"结合的理念。

韩非认为历史是向前发展的，人们应该立足现在大力进行政治革新。同时，主张"以法为本""法不阿贵"，君主要以"术"驭臣和以"势"镇民，建立君主专制的中央集权国家，才是历史发展大势。

法家思想迎合了新兴地主阶级的利益诉求，受到了战国时期各诸侯王的欢迎。许多诸侯国都通过法家思想进行改革，走上了强盛之路。

秦国在经历了商鞅、韩非、李斯等几位法家的改革变法后，一步步发展壮大，逐渐从西北之地入主中原，建立了中国历史上第一个大一统的封建王朝。

春秋战国时期是我国思想文化发展最为辉煌的时期之一。在这一时期中，诸子百家各扬其说和竞相争鸣是中国历史上难得的盛况。在历史的漫漫长河中，这些思想几经演变，有些已深深烙印在了中华民族的文化脊梁上。

◎ 墨子

◎ 佛像

古印度

约公元前565年

乔达摩·悉达多出生，后创立佛教。他在多年传教过程中，形成了一套完整的四谛、十二因缘的早期教义。

此后，佛教逐渐传入世界各地，并成为世界性宗教。

西亚

公元前539年

犹太教的经典文献多在"巴比伦之囚"时期成型。公元前539年，波斯帝国征服巴比伦，犹太人获准返回耶路撒冷重建圣殿。

犹太教的经典包括《希伯来圣经》和《塔木德》。《米德拉什》则是犹太教解释、阐述律法和伦理的文献。

春秋战国的农业文明

　　春秋战国时期是我国经济迅速发展，社会剧烈变革的重要历史时期。在这一时期中，我国从奴隶社会逐渐向封建社会过渡，了解并掌握这一时期的经济发展和社会变化是非常重要的。

铁器与牛耕

　　人类对铁器的使用，最早是从陨铁开始的。人们通过锻打天上掉下来的陨石，来制成各种各样的铁器。我国最早在商代和西周便开始使用陨铁，但在使用范围和使用频率上都极为有限。

　　对铁器使用的第二个阶段，主要是通过"块炼法"炼铁。这种方法需要将铁矿石和木炭放入炉中加热，然后再反复锻打生产出的块炼铁制成铁器。在西周晚期开始出现这种方法，但利用此法打制的铁器数量和质量都比较差，难以广泛应用和推广。

　　使用铁器的第三个阶段，是通过生铁冶铸的方法冶炼铸铁。这种方法是将粉碎去硫的铁矿石放入炉中，木炭是还原剂，

◎ 春秋战国农耕图

熔炼成液体,然后再铸造成相应的器物。我国在春秋时期开始广泛采用这种铸铁方法。

到了战国时期,我国的冶铁技术不断发展,开始出现"生铁柔化技术"。通过这种技术,可以将铁器内部含碳量和组织结构改变,提高铁器的韧性,减少脆性,大大提高了铸铁的质量和铸铁的使用范围。

在战国时期,我国还出现了用铁器铸造的铁范。相比于只能用一次的陶范,铁范可以反复使用,这大大提高了手工业的生产效率,降低了生产成本。

春秋战国时期的铁器主要被用做兵器、农具和手工业工具。相比于石器和

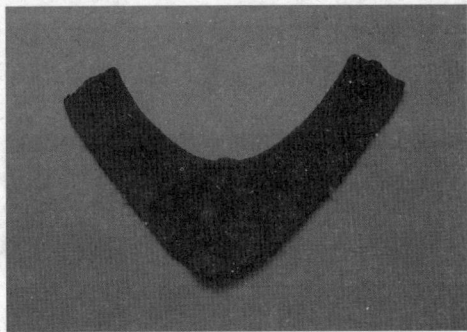

◎ 出土的春秋时期铁器

世界同期历史

环地中海地区

约公元前800—前400年

意大利半岛上的伊特拉斯坎人进入早期铁器时代,他们信仰神灵,善用金属器物,形成了自己独有的伊特拉斯坎文化。

古西亚

约公元前691年

亚述人修建引水渠,将水经山谷引入尼尼微城。有科学家推测,该引水渠的源头就是传说中的巴比伦空中花园。

非洲

约公元前500—公元200年

尼日利亚中部乔斯高原及周围地区的诺克文化繁盛于这段时期,从石器时代过渡到铁器时代。

在当地的考古发掘中,发现了许多石器和铁器。这是撒哈拉以南非洲迄今所发现的最早的铁器时代文化。

铜器，铁器更为坚硬，无论是作为兵器，还是农具，都更为优秀。但通过考古发掘可以发现，这一时期铁兵器的数量还远不及青铜兵器。

贾谊在《过秦论》中写道："收天下之兵，聚之咸阳，销锋镝，铸以为金人十二，以弱天下之民。"这里说秦始皇收缴天下兵器，在咸阳铸造金人，而收缴的主要是青铜兵器。

铁器的广泛应用大大提升了社会生产力，同时也促进了农业的发展。在农业领域，我国最早的牛耕技术也出现在春秋战国时期。

铁犁和牛耕的出现，大大提高了人们的耕种效率，同时也在客观上推动了井田制的瓦解。社会生产力的发展推动着社会经济结构的变革，奴隶制瓦解，封建制建立，已经成为当时社会的必然趋势。

除了铁器与牛耕，春秋战国时期的水利灌溉技术也已经达到了较高水平。

春秋末年，人们已经普遍采用桔槔灌溉。这是一种利用杠杆原理来汲水和灌溉农田的方法，可以大大提高农田灌溉效率。使用桔槔灌溉，一天可以灌百畦田。

这一时期还出现了许多著名的水利工程，包括春秋时楚国孙叔敖修建的芍陂，战国秦蜀郡太守李冰修建的都江堰，水工郑国修建的郑国渠，以及邗沟、鸿沟、灵渠等。这些水利工程的出现，除了大大促进当时农业生产的发展，在一定程度上也影响了诸侯国征伐称霸的格局。

土地制度的变迁

春秋战国时期的生产力发展使得旧有的耕地制度不再适应当时社会发展需要。井田制崩溃，土地私有制出现，形成了封建生产关系。

管仲变法中的"相地而衰征"，即根据土地贫瘠来确定征收租税的多少，可以看作是土地制度变革的改革尝试。

公元前 594 年，鲁国推出初税亩制度，规定不论公田还是私田统一按照田亩收税。这种"履亩而税"、按田亩征税的方法，增加了鲁国的财政收入，同时也承认了土地私有的合法。

◎ 古罗马修建的水渠

古罗马

约公元前312—公元226年

古罗马建造了第一条引水渠。此后古罗马又先后修建了 10 条大型输水道，其中最为著名的是克劳狄皇帝修筑的多拱门引水渠。

公元前241年

罗马在西西里设立行省。行省制度成为罗马控制管理自己在意大利半岛以外所征服地区的主要制度。罗马会向各个行省派驻总督，全权负责行省管理。

◎ 西西里岛的罗马遗址

春秋战国的工商文明

手工业发展

春秋战国时期的手工业生产主要有官营和民营两种类型。官营手工业主要为统治阶层服务，其手工业生产技艺较为高超；民营手工业主要由民间手工业者经营，有的人在家中生产制造，有的人则开设作坊和店铺进行生产销售，还有一些人依靠雇主提供原料来进行生产加工。这第三种民营手工业者的生产方式，很有当前来料加工贸易的意味。

由于官营手工业的存在，一些民营手工业会较难发展。但从另一方面看，官营手工业统一管理，可以为行业提供统一的标准，确保整个社会的手工业生产可以保持一个较高的水平。

冶炼技术的推广，使得这一时期的青铜器冶铸开始成为手工业发展的一个重要部分。春秋战国时期的青铜器冶铸开始转向贵重兵器和礼器，遗存至今的青铜器物都算得上名贵珍品。

1965 年在湖北荆州出土的越王勾践剑，制造工艺高超，至今依然如新。1978 年湖北随县出土的曾侯乙编钟，是由 65 件青铜编钟组成的庞大乐器，不仅铸造工艺高超，同时还具有良好的音乐性能。

春秋战国时期纺织技术也得到了较大发展。当时陈留、襄邑地区的美锦、文锦、纯锦，齐鲁地区的精美刺绣，盛行不衰，名满天下。除了蚕丝织锦，一些文献中还记载了人们编织麻布、葛布的情况，相比于蚕丝织锦，普通百姓更多使用麻布和葛布。

伴随纺织业一同发展的还有印染业。春秋战国时期的印染已经脱离纺织业，成为独立的手工业工种。当时的纺织品染色主要有草染和石染两种。草染主要是利用含色素的植物染料来染色，石染则主要利用含色素的矿物来染色。

春秋战国时期的制陶业更多延续了商周以来的发展轨迹。在砖瓦烧制基础上，出现了栏杆砖、花砖、方形薄砖等类型，装饰花纹也更加多样。这一时期制造的陶器除了作为建筑装饰材料，更多是明器，也就是陪葬品。

战国时期的漆工业也取得了突出成就，当时人们用漆可以制造如漆盘、漆花瓶、漆屏风等各种各样的漆器。据记载，夏朝时的漆器多为黑色。到了战国时期，已经出现了朱、黑、黄、金等多种颜色的漆纹。

漆器一般具有耐潮、耐高温、耐腐蚀的特性。利用夹纻技术制造的漆器重量较轻，十分精巧，搬运起来也更为省力。

除了上述手工业外，春秋战国时期的皮革工业、玻璃制造、酿酒业、煮盐业也已经非常发达。从整体上来看，这一时期我国手工业获得了较大发展，这为以后手工业的发展奠定了坚实的基础。

春秋末期编纂的《考工记》是我国目前年代最早的科学技术文献。这部著作仅用7000多字，便介绍了木工、金工、皮革工、染色工、玉工、陶工等6大类

世界同期历史

西亚

约公元前668—前627年

亚述国王亚述巴尼拔将自己收集的全部美索不达米亚地区古文献，储藏在尼尼微王宫的图书馆中，由此留存下了大量的珍贵泥板书。

中亚

公元前518年

波斯国王大流士在波斯波利斯兴建王宫。波斯波利斯王宫汇集了当时各地不同的建筑风格，其中有亚述的巨石门神、希腊的柱顶、埃及的石柱，以及美索不达米亚的琉璃砖。

古希腊

公元前448年

伯利克里重建雅典卫城，重建后的雅典卫城拥有帕提农神庙、厄瑞克提翁神庙和雅典娜胜利神庙等建筑，是古希腊建筑艺术的杰出代表。

30 个工种，同时还介绍了数学、力学、声学、建筑学等方面的知识和经验。

《考工记》可说是中国设计史的奠基之作，其意义不仅在于为我们介绍了诸多古代手工业工种，更为重要的是记录了我国传统手工业生产技术理念，对后世手工业发展具有重要影响。

商业的发展

春秋战国时期，手工业、农业的发展促进了社会生产力的发展。社会分工的扩大、交通设施的完善使得各个地区间联系日益加强。这些因素共同促进了春秋战国时期的商业发展。

管仲在齐国变法中有"四民分业，士农工商"的政策。后世在对其进行解读时，往往认为这是一种阶层等级制度，是一种"末商主义"的表现。但实际上，管仲采用的这种"四民划分"举措，更多是为了优化资源配置、提高生产效率而提出的。

管仲变法中的这一政策，是将国民分成军士、农民、工匠和商贾四个身份，然后按照各自的专业将这些人安置在固定的地区。在管仲看来，这种划分方式一方面可以便利同一行业的人相互交流经验、提高技艺，营造稳定的专业氛围和良好的社会环境；另一方面则可以促进商业生产和发展。

正是通过这一政策，齐国的手工业和工商业才领先于其他诸侯国。齐国首都临淄成为当时最早的丝织中心，其产品远销诸国。齐桓公能够成为春秋时期的第一位霸主，很大程度上也与齐国经济迅速发展有关。

齐国的商业发展只是春秋战国时期的一个缩影。在诸侯争霸过程中，发生变化的不仅是各诸侯国的疆土，还有各个诸侯国的经济与商业形势。

春秋战国时期，全国各地的经济交流日益密切，各地特产都可以在全国流通。这种日益密切的经济交流，集中表现在城乡商业分工上。

根据周制，各诸侯国的国都周长不能超过 900 丈，而卿大夫封邑中的城池则不能超过 300 丈。伴随着春秋战国时期的"礼崩乐坏"，各诸侯国开始不再遵循"周礼"的规定。

战国时期，城市人口不断增加，城市规模也日趋扩大。这一时期许多诸侯国的国都都成为繁荣的经济中心，比如前面提到的齐国临淄，还有赵国的邯郸和楚国的郢。

城市规模的扩大，使得城市对农村农产品需求不断增加。城市手工业的繁荣发展，也在一定程度上满足了农村对廉价手工业产品的需求。在这种相互需求的基础上，城市与农村的分工和交流也开始日益频繁。

除了城市日益繁荣，春秋战国时期商人的地位也得到了显著提升，但同时这一时期的贫富差距也不断扩大。

在典籍记载中可以发现，春秋末期我国出现了两位有名的富豪，一位是孔子的弟子子贡，一位是越国大夫范蠡。

子贡在卫国做官，又在曹、鲁经商，通过买入和卖出货物，逐渐积累家财，其经商之道在于"好废举，与时转货赀"。而范蠡则更看重货物的出售时机和资金的流转速度，他选择当时重要的经济枢纽城市陶"治产积居"，逐渐积累起万贯家财。

司马迁在《史记》中专列了一篇《货殖列传》来介绍春秋末期到秦汉时期的杰出商人，也可以看出其对商业活动的重视，以及经济活动对社会生活的重要影响。

古罗马

公元前334年

罗马人开始大规模修筑道路，到罗马帝国鼎盛时期，罗马人修筑的道路已经达到了8.5万公里。"条条道路通罗马"的说法，正是由此而来。

公元前269年

罗马人采用青铜来制造钱币，其正面为神的头像，背面则是船锚像。在这一时期，罗马还出现了银币。

大变革时代

在春秋战国的乱世之中，无论是个人还是诸侯国，想要生存下去，就必须要变得强大。在这一时期，各诸侯国先后通过变法、改革实现了富国强兵。

春秋战国时期，实力较强的诸侯国都进行过变法，如：齐国有管仲改革，吴国有伍子胥变法，越国有范蠡改革，魏国有李悝变法，楚国有吴起变法，秦国有商鞅变法，赵国有赵武灵王改革。这些改革和变法不仅实现了富国强兵，同时也在很大程度上影响了中国历史的发展进程。

齐——管仲改革

齐桓公在继位之后，重用管仲为相。为相期间，管仲在齐国大力改革，让齐国国力大幅增强，帮助齐桓公成为春秋时期第一位霸主。

在政治方面，管仲主张官吏的任命和管理要"以劳受禄"，并且要"受禄不过其功"。这是一种按功受赏的官员任用考核标准，有利于选拔优秀管理者，提升国家治理水平。

在经济方面，管仲将"富民"放在首位，大力发展农业生产，提出"遂滋民，与无财""设轻重鱼盐之利，以赡贫穷"的观点。

同时，管仲提出"相地而衰征"的政策，根据田亩土质好坏以及产量高低来确定赋税征收额。这不仅让当时齐国的赋税政策更为合理，也调动了农民的生产积极性，有利于促进农业生产和税收收入增加。

在法制方面，管仲认为要"正法直度，罪杀不赦，杀僇必信，民畏而惧。武威既明，令不再行"。通过公正执法，来树立法律权威，从而更好地用法律来管理国家。

在军事方面，管仲推行"参其国而伍其鄙"的举措，"作内政而寄军令"，建立了一种社会与军事相结合的体制。同时，管仲还建议齐桓公要以"尊王攘夷"为旗号开展对外征伐。

管仲的改革思想集中体现在《管子》一书之中。自管仲改革之后，其他诸侯国纷纷开始改革，一时间变法图强、富国强兵成为诸侯争霸的核心保障和主要手段。

魏——李悝变法

春秋时期，齐国成为第一个通过变法实现"富国强兵"的诸侯国。在战国时期，魏国则是第一个通过变法发展壮大的诸侯国。

战国初年，魏国在诸侯国中相对弱小。在韩、赵、魏三国中，韩国经济最强，赵国军力最强，这让魏国处于一种较为尴尬的境地。魏文侯为了增强魏国实力，重用法家李悝进行变法。

李悝是法家的代表人物，所编著的《法经》是我国古代第一部较为完整的法典。李悝的变法思想对后世法家学派产生了深远影响，商鞅和韩非的很多思想都受到了李悝的影响。

李悝在魏国的变法主要从四方面着手：

在经济方面，李悝提倡"尽地力之

世界同期历史

古希腊

约公元前750—前600年

希腊城邦开始在地中海和黑海沿岸建立殖民地子邦。子邦作为独立体，与母邦平等。这种殖民扩张在一定程度上缓解了希腊的人口压力。

在希腊城邦中，雅典和斯巴达是较为强大的两个，其余还有科林斯、叙拉古等城邦。

公元前594年

梭伦在雅典进行改革，其主要采取了包括废除所有债务、以财产取代出身、所有公民都可参与公民大会、制定新法典等措施，缓解了当时雅典的社会矛盾，同时也奠定了雅典民主政治的基础。

公元前508年

克里斯提尼在雅典进行政治改革，改变原来的氏族部落划分，以"德莫"（自然村）为公民政治、社会、经济和宗教活动的基本单位，削弱了贵族特权，推动了雅典民主政治进程。

教"，废除井田制，允许土地私有买卖。在重新估算土地产量的基础上，制定更为合理的税收政策。同时根据土地的贫瘠标准，为农民分配土地。

在军事方面，考核并奖励优秀士兵，并根据士兵特点重新编排军队，大大提高了军队的战斗能力。

在人才选拔方面，废除世袭制度，招募贤才，根据能力来选拔官吏。

在法制方面，李悝编著《法经》，完善了魏国法律，对政府职能、国家法令等内容进行了明确规定。商鞅在面见秦孝公时，所拿的就是李悝的《法经》。

李悝的变法举措很快让魏国强盛了起来。作为中国封建社会史上第一次成功的变法，李悝变法在魏国确立了土地私有制，同时也揭开了战国时期各诸侯国变法的大幕。

秦——商鞅变法

公元前 361 年，秦孝公继位。在秦孝公之前，秦穆公通过"问贤伯乐"，广纳天下人才，大力改革，使秦成为仅次于晋、齐、楚等强国的诸侯国。秦穆公本打算以此势头继续东进，进而称霸中原，但却在与晋军的两次交战中败下阵来。东进之路被阻，秦穆公开始对西戎展开攻伐，最终称霸西戎，扩地千里。

秦穆公死后，秦国并没有维持这种继续称霸的势头。秦国的忠良将才多为国君殉葬，一时间秦国陷入无人可用的境地，以至于此后二百年间始终为晋国所制，这种境况一直持续到秦孝公继位时才有所改变。

与秦穆公一样，秦孝公也是一位胸怀大志的君主。在经过了几代秦君东征失利之后，秦孝公开始在内广施恩德、招贤纳士，并颁布了著名的求贤令。

商鞅正是因为听闻秦孝公的求贤令，才来到秦国的。在听过商鞅的霸道之术以及富国强兵的政策后，秦孝公大喜过望，决定重用商鞅进行改革。

商鞅在秦国进行了两次变法，虽然遭到了秦国旧贵族的激烈反对，但由于秦孝公的支持，商鞅的许多法令制度得到了推行。

商鞅的变法举措主要分为政治和经济两个方面。在政治上，主要以废除世卿世禄制度，建立封建专制集权为重点。在经济上，则主要以废除井田制，实行土地私有为重点。

在政治方面，商鞅通过奖励军功的政策来废除世卿世禄制，增强军队的战斗力；通过改革户籍，实行连坐法的政策，来加强封建专制统治；而制定秦律则是为了在思想方面控制民众，规范民众的行为。

在经济方面，商鞅通过废井田、开阡陌、奖励耕织等措施，促进了秦国封建经济的发展；通过统一度量衡保障了国家的税收，也为以后秦始皇统一度量衡提供了经验和方法。

商鞅的两次变法让秦国百姓富足、国力强大。在北霸西戎的基础上，秦国已经获得了进军中原、称霸中原的实力。

这段时期是中国历史的大变革时代。在这一时期中，各诸侯国通过变法、改革实现了国家富强，通过征伐扩大了自己的土地和疆域。整个中国社会则在变法改革和征伐称霸中，从奴隶制走向了封建制。

约公元前443—前429年

到伯利克里时期，雅典民主制基本形成。这一时期的雅典，所有公职人员都由投票产生，所有男性成员都有权参与公民大会决策。

中亚

约公元前522年

波斯国王大流士一世在全国进行改革，其主要措施包括统一币制和度量衡，划分行省，给予总督极大的自主权，以及设置常规军等。

大流士的改革措施成为此后一些国家效仿和借鉴的典范。

北非、中西亚、东欧、南欧

公元前4世纪末

亚历山大大帝病逝后，亚历山大帝国分裂为埃及的托勒密王国、美索不达米亚的塞琉古王国和马其顿王国。

至罗马征服托勒密王国，这一时期希腊文化与东方文化相互交融，地中海东部地区逐渐受到希腊文化影响，从而形成了新的文明特点。西方史学界将这一时期称为"希腊化时代"。

中华文化的勃兴

春秋战国时期，天下大乱，民不聊生，诸侯间征伐不断，百姓生活在水深火热之中。在这种乱世图景中，中国文化却呈现出一种另类的景象。

这一时期，我国的物质和精神文化都发展得空前繁荣。从诸子百家的著作学说，到奇美瑰丽的艺术绘画，再到大有成就的天文地理，许许多多方面在春秋战国时期得到了发展。

先秦诸子散文

先秦诸子除了在论辩上各具特色，其在文学写作方面也是风格迥异。

孔子在修订《春秋》时，除了在原来的记录上有所添加，同时也对原来的记录有所删减。在记述历史时，并不直接阐述对历史事件或人物的看法，而是通过细节描写、修辞手法、删减材料等方式表达作者的观点。

由此，孔子创造了一种文章的写法，即在文章记叙中表现出作者的思想倾向，而不是通过议论来表达。后世将这种写法称为"春秋笔法"。

孟子作为战国时期儒家的代表人物，其文章与其论辩一样，慷慨激昂，充满了刚柔并济的论述。

老子在《道德经》中用丰富的想象来表达哲理性的内容，同时将深沉的情感蕴含在字里行间。

庄子不仅在思想上继承了老子的道家学说，在写作方面也继承了老子的风格。其文章行云流水，想象丰富，意象优美，《秋水》和《逍遥游》都是其经典的名篇佳作。

墨家创始人墨子的文章更倾向于将叙事与推理相结合，这种方式能够帮助他更好地表达观点道理和说明技术内容。

韩非子更擅长用寓言比喻现实，在他的作品中，经常可以发现将人比作寓言中的兔子、虫子的内容。

名家的学说在春秋战国时期并不算是主流，其经常会以违反常识的语言内容来命题，不容易被更多人接受。名家的文章虽然条理清晰，逻辑缜密，但却诡谲曲折，让人难以理解。

《诗经》和《楚辞》

《诗经》是我国最早的一部诗歌总集，收录了西周初年到春秋中叶的诗歌共 305 篇，又被称为《诗三百》。

在内容上，《诗经》主要包括《风》《雅》《颂》三个部分。《风》主要是周朝各地的歌谣，共 160 篇；《雅》是周朝贵族的祭祀诗歌，有《大雅》和《小雅》两部分；《颂》则是周王室和贵族的宗庙祭祀乐歌，主要有《周颂》《鲁颂》《商颂》三部分。

《诗经》内容丰富，意象优美，几乎囊括了当时社会生活的百态。"战争与徭役""压迫与反抗""婚姻和爱情"，这些都是《诗经》中的重要主题。

楚辞相传是屈原创制的一种新诗体，西汉文学家刘向将屈原、宋玉等人的十六篇辞赋收录成集，是为《楚

世界同期历史

古希腊

公元前776年—公元393年

古代奥林匹克运动会从公元前 776 年起，到公元 393 年止，经历了 1169 年，共举行了 293 届。

约公元前725年

《荷马史诗》集中反映了公元前 11 世纪—前 10 世纪的希腊社会，对希腊文化以及整个西方文化造成了深远影响。

约公元前6世纪

古希腊戏剧产生了大量悲剧诗人和剧作，其中典型代表就是埃斯库罗斯、索福克勒斯和欧里庇德斯三大悲剧家及其作品。公元前 5 世纪是其顶峰。

这一时期的希腊喜剧家，只有阿里斯托芬的一些作品流传了下来。

传说伊索在公元前 6 世纪完成了《伊索寓言》，其对后来的寓言文学产生了深远影响。

辞》。东汉文学家王逸对《楚辞》作注，再将自己的《九思》编入其中，是为《楚辞章句》。

《楚辞》具有浓厚的楚地色彩，开创了中国浪漫主义文学的先河，后世将这种文体称为"楚辞体"或"骚体"。此后的诗歌、小说、散文和戏剧大多受到了这种文体的影响。

《楚辞》中最具代表性的篇章就是屈原的《离骚》，这是我国古代最长的抒情诗。屈原在其中运用了大量美丽意象和想象传说，表现出了积极的浪漫主义精神，以及对国家和人民的深厚情感。

艺术的发展

春秋战国时期的艺术包括雕刻、绘画、书法、音乐等，这些艺术多围绕青铜器而产生和发展。

春秋战国时期的绘画主要以壁画、帛画为主，当时的典籍著作中记载了许多相关内容。长沙楚国遗址中出土的《妇女凤鸟图》和《御龙图》，是我国现存最古老的帛画，其构图技艺之高超、线条运用之形象，都显示了这一时期工匠们高超的绘图技法。

除了壁画、帛画上的绘图，青铜器上的装饰图案也从单一内容发展成为完整的画面。这些青铜器图案中，处处透露着装饰性、绘画性和象征性，这也表明青铜装

◎ 《御龙图》

饰技艺在这一时期已经初具雏形。

在春秋战国之前，宫廷乐舞主要用于祭祀和宴享，民间乐舞则用于百姓娱乐，二者是严格分离的。但到了春秋战国时期，宫廷乐舞逐渐吸收民间乐舞的内容，产生了郑声、楚舞、齐音、宋音等乐舞。

曾侯乙编钟的出土，不仅表明战国时期宫廷乐舞规模已经非常庞大，同时也展示了当时我国的乐器功能已经非常全面和先进。

科学技术的发展

春秋战国时期是我国古代科学技术发展的第一个高峰期。封建制取代奴隶制，知识分子开始走上历史舞台。在文化领域出现了诸子百家争鸣的情况，在科学技术领域也出现了百花齐放的盛景。

在诸子百家中，墨家对我国古代科学技术发展的贡献最为明显。墨子或许可被称为我国最早的科学家和高级匠人。但由于墨家文化后来未能进入主流文化行列中，所以其所包含的一些古代科学理论知识也没能得到广泛的传播。

这一时期的墨家已经基本形成了点、线、面、体等概念，同时还产生了类似"极限"这样的概念。此外，在《墨

约公元前425年

"历史之父"希罗多德去世，其所著《历史》一书，成为后世探寻希波战争和当时风土人情的重要资料。

约公元前404年

古希腊杰出史学家修昔底德去世，其用 30 年时间完成的《伯罗奔尼撒战争史》现已成为珍贵的传世名著。

约公元前399年

古希腊三哲之一的苏格拉底逝世，其追求真理的精神为后人所敬仰。

约公元前350年

史学家色诺芬逝世，其曾师从苏格拉底，并以亲身经历完成著作《远征记》。

约公元前348年

古希腊三哲之一的柏拉图逝世，他是苏格拉底的学生，为后世留下了许多经典著述。

约公元前322年

古希腊三哲之一的亚里士多德逝世，他是柏拉图的学生。他在逻辑学、哲学、物理学、生物学、伦理学和文学方面都留下了不少经典著述。

经》中，还出现了关于力的平衡、杠杆、斜面、小孔成像、平面镜成像、凹面镜成像和凸面镜成像等物理学方面的内容。

除了墨家对科学技术的研究，春秋时期还有许多科学技术方面的发明和记录。

《春秋》一书中记载：公元前 613 年，"有星孛入于北斗。"这被公认为是世界上首次关于哈雷彗星的记录。欧洲在 600 年后才有此发现。

春秋时期，我国历法形成了固有系统，并确定了"十九年七闰"的原则。后来还出现了二十四节气和岁星纪年法。

战国时期，楚国人甘德和魏国人石申所著《甘石星经》，记录了 121 颗恒星的方位，同时还发现了金、木、水、火、土五大行星的运行规律。

在地理学方面，春秋战国时期，已经出现了《山海经》《尚书·禹贡》《管子·地员》等书。《禹贡》是我国最早的地理学专著，其将全国分为九州，并对山川河流进行详细论述，对后世地理学研究产生了深远影响。

在医学方面，战国时期的名医扁鹊发明了"望、闻、问、切"四诊法来诊断疾病。直到现在，这种方法依然为中医所用。

春秋战国时期是我国历史上的一个重要时期。这一时期既有诸侯争霸，也有百家争鸣。人民既感受着水深火热的煎熬，也享受着科学技术发展带来的便利。

◎《山海经》

◎ 柏拉图

◎ 欧几里得

◎ 《摩诃婆罗多》浮雕

古印度

约公元前600年

公元前600年前后，一些智者对《吠陀经》作出了新的阐释，他们的想法统一被收录在《奥义书》中。

约公元前5世纪

古印度著名叙事史诗《摩诃婆罗多》汇编成书，其主要叙述了公元前900年，两个雅利安大家族争夺王位的故事。其中的部分内容成为印度教的重要经典之一。

约公元前4世纪—前3世纪

古印度著名叙事史诗《罗摩衍那》成书，其主要内容是英雄罗摩远征锡兰的故事。

北非

约公元前300年

欧几里得通过《几何原本》总结了前两个世纪的基础几何和算术成就。

约公元前280年

"解剖学之父"赫罗菲鲁斯逝世。他曾试图研究大脑结构，是目前所知第一个对人体进行解剖的人。

|第三章|
统一封建王朝的建立

　　秦王朝是中国历史上第一个封建的大一统王朝。秦始皇建立了第一个封建制统一王朝，同时颁布了一系列法令制度，来维护自己的中央集权统治。在此后的近两千年时间里，这些制度不断演变完善，成为中国封建社会的重要支柱。

　　在秦汉进入大一统的繁荣时代时，古罗马也成为欧洲的文明中心。丝绸之路的开辟拉开了中国与世界交流的帷幕，同时也将中国的繁荣文化传播到世界各地。直到现在，丝绸之路依然在中外交流中发挥着重要作用。

统一的秦朝

秦的崛起最早可以追溯到秦穆公时期，穆公在位北霸西戎，成了西方诸侯之伯。但秦穆公并没有实现自己进军中原的野望，伴随着他的离世，秦国的国力也逐渐衰弱。一直到秦孝公起用商鞅进行变法后，秦国才再次强大起来。

嬴政亲政

公元前 238 年，秦王嬴政举行加冕礼，开始亲理秦国朝政。在李斯等人的协助下，嬴政制定出统一六国的具体方略。

在攻灭六国过程中，嬴政一方面采取"毋爱财物，赂其豪臣，以乱其谋"的策略，来破坏六国的合纵策略；另一方面则继续采取远交近攻的政策，先弱后强，由近及远地选择攻占目标。

并韩灭赵

韩国在七国中实力最弱，但所处位置却至关重要，因此秦国将其作为第一个消灭的目标。

公元前 230 年，秦派内史腾率兵攻韩，俘虏韩王安，灭亡韩国。由此，韩国成为六国中最先被灭掉的国家。

赵国是秦东进中原过程中的进攻重点，秦借口援燕抗赵，开始对赵国发起进攻。

公元前 233 年，秦出动大军攻赵，攻占了赵国的一些城邑。

◎ 秦始皇

赵王起用名将李牧，在他的指挥下，秦军近乎被全歼，只有统帅桓齮带着少数护卫逃走。

公元前 232 年，秦继续大举攻赵，但再次铩羽而归。

数次大败让嬴政认识到除掉李牧的必要性，公元前 229 年，秦重金收买赵王宠臣郭开，在赵王面前诬告李牧等人，导致李牧被赵王杀害。

李牧之死成为秦赵之战的转折，此后秦军一路进军，灭亡赵国。

破燕除魏

公元前 227 年，燕太子丹派荆轲刺杀秦王失败。随后秦大举进攻燕国，在公元前 226 年攻破燕都蓟。

魏国由于连年战争，国力大为削弱，到战国末期只能依靠割地求和以求生存。魏国地处"天下枢纽"，战略位置十分重要，同时也是秦灭楚的必经之地。

公元前 225 年，秦出兵进攻魏都大梁，仅用 3 个月时间便灭亡了魏国。

世界同期历史

古西亚

约公元前312—前64年

塞琉古王朝在公元前 3 世纪一度强盛，但此后版图逐渐缩小，最终其中心叙利亚成为罗马的一个行省。

约公元前247—前138年

安息自建立后，逐步发展，在米特里达梯一世时期强盛起来。其疆域包括今天小亚细亚东部、亚美尼亚、阿塞拜疆、美索不达米亚、叙利亚、伊朗高原、阿富汗、阿姆河以南的大呼罗珊和今印度河以西的巴基斯坦等地区。

古罗马

约公元前264—前146年

罗马与迦太基之间为争夺地中海沿岸霸权，发生了三次战争，史称布匿战争。

最终罗马灭亡迦太基，获得了地中海的霸权，并将迦太基城夷为平地。

攻楚伐齐

在攻灭、攻破韩、赵、燕、魏后，楚国成为秦的下一个攻取目标。

嬴政最初派李信、蒙武率领 20 万大军攻楚，却被楚将项燕率兵阻击，遭遇重大挫折。随后，嬴政起用大将王翦，率领 60 万大军再次攻楚。经过一年多的征战，楚将项燕被杀，楚都寿春被秦军攻陷，楚国灭亡。

在秦国征战八方破灭五国的过程中，齐国因不与秦接壤，并未受到战火波及。

无论外面打得多么激烈，齐国国内还是一派祥和景象，不练兵、不备战，以至于秦攻齐时，齐虽然拥有 70 多座城邑，却仍然不堪一击。

公元前 221 年，秦军由燕国南部向齐国发起进攻，一路上长驱直入，直抵齐都临淄。毫无准备的齐王只得不战而降，成为亡国之君。

北击匈奴

在攻灭六国后，秦始皇派蒙恬率 30 万大军北击匈奴。

战国时期，趁着中原地区诸侯混战，匈奴经常利用骑兵深入中原地区进行袭扰和掠夺。秦始皇统一中原后，便有能力维护北方稳定。

蒙恬从上郡出发，在河套地区经过一系列战斗，将该地区匈奴部落全数肃清。第二年春，蒙恬军主力渡过黄河，攻击高阙与陶山，另一部军队进军贺兰山脉。匈奴人招架不住秦军的进攻，纷纷向北方逃去。

在北击匈奴成功之后，为了防止匈奴骑兵大举反攻，秦始皇下令将秦、赵、燕三国原有的长城连接起来。现在的万里长城世界闻名。

南征百越

在北击匈奴的同时，秦始皇在公元前 219 年到公元前 214 年间，还先后三次发动了对南方百越的征伐。

在第一次征伐百越时，秦始皇派屠睢率领 50 万大军出击。由于百越各部军力分散，秦军只得兵分五路进入百越地区。这一战中除了第一路秦军较为顺利地攻下了东瓯和闽越，其他四路秦军都受到了不小的阻碍。主帅屠睢阵亡。

第二次秦军做好了充分准备，最终在公元前 214 年彻底征服百越。

第三次南征百越可以看成第二次战争的延续，其更多是安抚当地民众，维护地方稳定。

在统一岭南过程中，秦修筑了灵渠。作为世界现存最古老的人工运河之一，灵渠的开通为秦统一岭南提供了助力，同时也大大加强了中原地区与岭南地区的经济文化交流。

秦始皇用了不到 20 年的时间，便结束了春秋战国时期 500 多年的混乱局面，建立起统一的中央集权的封建国家。这是中国历史上划时代的大事，更开创了中国历史的新纪元。

◎ 阿育王

约公元前216年

在第二次布匿战争中，迦太基的汉尼拔在坎尼地区大败罗马军队。此次以少胜多的著名战役，也是罗马军队对外战争伤亡最为惨重的一次。

公元前215—前148年

罗马与马其顿爆发了四次战争，史称"马其顿战争"。

最终马其顿成为罗马的一个行省。

古印度

约公元前232年

阿育王死后，其子嗣据地独立，孔雀王朝开始走向衰败。

最终，约在公元前 185 年，孔雀王朝末王布利哈德罗陀为大臣普士亚密多罗·巽伽所杀，孔雀王朝正式结束。

小亚细亚

约公元前188年

罗马军队在马格尼西亚击败塞琉古军队，并在次年实现了对小亚细亚和希腊的控制。

秦始皇的改革

公元前 221 年，秦王嬴政以咸阳为都城，建立了我国历史上第一个统一的专制主义中央集权的封建国家。

在统一六国后，秦王嬴政觉得原有的称号都不足以显示自己的功业，便与群臣议论新的称号。最后，其将"皇"与"帝"组合在一起，创造出了"皇帝"的称号。

由于是历史上的第一位皇帝，秦王嬴政称自己为"始皇帝"，同时规定其后子孙要沿用二世皇帝、三世皇帝，以至万世。

除了为自己选择合适的称号外，秦始皇还采取了一系列措施，来加强封建中央集权统治。其所颁布的这些制度法令不仅对秦朝大有裨益，还深深影响了后世的封建王朝。

政治改革

在政治方面，秦始皇确定了皇权至高无上的统治权威，改革了从中央到地方的官制机构，颁布了通行全国的《秦律》。

在中央，秦始皇设置了丞相、御史大夫和太尉。其中，丞相分为左丞相和右丞相，是百官之首，主要帮助皇帝处理朝中政事；御史大夫负责掌管群臣奏章，传达皇帝诏令，同时还负有监察百官之职；太尉主要负责掌管军事事务，但秦始皇并未任命太尉。

在丞相、御史大夫和太尉之下，还设置有掌管其他具体事务的诸卿。

秦始皇所建立的这套中央集权制度和政权机构，在后世虽然几经变革，但基本依然是秦朝的架构。

在地方，秦始皇废除分封制，改行郡县制。其将地方行政机构分为郡、县两级，每一级都有主要负责官吏。这些官吏统一由中央任免。

秦始皇将全国分成三十六郡（后增至四十余郡）。郡守负责郡的治理，郡尉掌管兵事、辅佐郡守，郡的监御史则主要负责监察。

县是郡的下一级，在县之下还有乡，乡之下设有里。里是当时最基层的行政单位。在里中设置有各种管理机构。其中亭负责掌管治安，接待往来官吏，并为官府传送文书等。

秦始皇在攻灭六国时便采取法家思想以法治国。在秦王朝建立后，制定法律成为秦始皇加强皇权、巩固中央集权统治的重要方式。

湖北云梦睡虎地秦墓出土的大量竹简记录了自秦孝公到秦始皇时期的法律制度，虽然并不完整，但从中可以发现秦的法律制度相当细密、严苛。

在统一六国后，秦始皇以秦律为基础，参照六国律令，制定了较为完善的通行全国的《秦律》。其中的一些严刑峻法对巩固统治起到了一定的作用，但同时也加剧了百姓的痛苦。

经济改革

在经济方面，秦始皇的改革主要有统一货币和度量衡、改革土地和户籍制

世界同期历史

古希腊

公元前227年

斯巴达国王克里昂米尼三世实行改革，将所有财产收归国有，重新分配土地，并永久取消监察官制度。

这种改革并没有改变斯巴达民尽财穷的局面。在塞拉西亚战争中失败后，这些改革措施都遭到了废除。

古西亚

公元前223年

安提奥库斯三世继承了塞琉古的王位。年纪轻轻便继承王位的安提奥库斯三世雄心满满，他要证明自己是塞琉古王国最优秀的君主。

刚一继位，他便着手准备，要带领塞琉古进攻波斯和大夏，同时向叙利亚和小亚细亚扩张。

古印度

约公元前200年

孔雀王朝衰微与灭亡后，古印度先后遭到希腊人、安息人、塞种人、大月

度、重农抑商、盐铁国营等。

春秋战国时期，诸侯国的货币和度量衡各不相同。秦始皇在废止了各国货币后，改黄金为上币，以镒（二十两）为单位；同时以秦国的圆形方孔铜钱作为下币，即"半两"钱。

在统一度量衡时，秦始皇以商鞅铜方升为标准器，并以法律形式规定度量衡器的允许误差范围。

在土地和户籍方面，秦始皇在全国范围内承认土地私有制，"使黔首自实田"，要求百姓自己申报土地。在户籍中记录百姓的年纪、土地等内容，为征发租税和统一管理提供了便利。

秦朝对商人的管理较为严格，把抑商政策推向全国。盐、铁的开采和贩卖则统一由国家管理和经营，禁止民间商人参与其中。

文化改革

在文化方面，秦始皇改革的主要措施是"书同文"，即统一文字，同时还通过禁办私学和焚书坑儒的方式来加强思想方面的控制。

战国时期各诸侯国文字虽然基本相同，但在细节方面或多或少存在一定差异。秦统一六国后，参照六国文字，创制了小篆，并使其成为文字范本。他还广泛推行普法教育，禁止百姓兴办私学。

秦始皇还下令各郡县查禁所有《诗》《书》和诸子百家的书籍，并全部焚毁，此为"焚书"之举。

关于"坑儒"，司马迁在《史记·儒林列传》中记载"及至秦之季世，焚《诗》《书》，坑术士，六艺从此缺焉"；孔安国在《尚书序》中有"及秦始皇灭先代典籍，焚书坑儒，天下学士，逃难解散，我先人用藏其家书于屋壁"的记载。

关于历史上的秦始皇坑杀的是方术士还是儒生，这一点依然是存疑的。

虽然"坑儒"之举尚存疑问，但秦始皇的"焚书"举动对中华传统文化无疑是一次重大摧残。大量珍贵的历史文献在这次大火之中被付诸一炬，诸子百家的言论思想也多有散佚。

除了上述这些方面的改革外，秦始皇还采取了"行同伦""车同轨"的举措，建立了统一的道德规范，统一了全国的车辆形制。

虽然秦朝只延续了十几年，秦始皇万世江山的愿望并没有实现，但他的这些改革举措却成功影响了后世的封建王朝。这一点是中国历代帝王所无法比拟的，即使在整个世界范围内，也鲜有帝王能够匹敌秦始皇的影响力。

◎ 屋大维

氏人的入侵。最终被贵霜帝国统治。

古罗马

公元前27—公元284年

屋大维在元首制之中，保留了共和国时期的一些重要制度，其中包括以行省和其下属城市为基本行政单位，加强对行省的控制，而给予城市较大的控制权。

这些举措在一定程度上维护了罗马帝国对地方的统治，开创了罗马200多年相对稳定的政治局面。

秦末农民大起义

秦末社会矛盾激化

秦始皇在位期间，修长城、修驰道、开灵渠、建阿房宫、筑骊山墓，每一项巨大工程的背后，都有大量脱离生产的丁男丁女。

沉重的徭役负担压得百姓喘不过气起来，长期脱离农业生产也让肥沃的土地几近荒芜。各种各样的苛捐杂税进一步加深了人们的苦痛，广大人民群众与秦王朝的矛盾变得越来越严重。

土地私有导致秦朝土地兼并严重。秦朝末年，大批农民失去了自己的土地。大量的土地被地主阶级占据，农民与地主阶级的矛盾变得越发尖锐。

依秦律，一人犯罪，株连亲族邻里。大量农民为了躲避株连，只得潜逃山林，荒废生产的同时，大多数人都转为山匪盗贼。

秦始皇死在出巡途中，赵高扶植胡亥继承皇位。胡亥继位后，赐死了一批忠臣良将，加重了对百姓征收的苛捐杂税，进一步加深了百姓的灾难。

这时的秦王朝就像一个装满炸药的火药桶，只需要一丁点火星，就能够将其引燃爆炸。公元前 209 年，一丝微弱的火光点燃了整个秦王朝。

陈胜、吴广起义

公元前 209 年，一支由 900 余贫困农民组成的队伍被征调去渔阳戍边。当他们抵达大泽乡时，一场暴雨阻断了他们的去路。

没有按照固定时间抵达目的地的卫戍士兵，依据秦律要被杀头。于是，众人在陈胜和吴广的鼓动下，走上了起义推翻秦朝的道路。

陈胜和吴广率先向贫苦农民们发出"王侯将相宁有种乎"的呼号，一时间民众归服，皆加入起义的队伍。就这样，中国历史上第一场农民起义就此展开。

为了师出有名，陈胜吴广以公子扶苏和项燕为名号，带着起义军一路攻城拔

世界同期历史

寨。到了陈县后，起义军已有步卒数万人，骑兵千余人，兵车六七百乘。

陈胜在陈县被推举为王，并建立"张楚"政权。一时间，陈胜吴广起义的消息传遍全国，各地农民纷纷拿起武器加入反秦斗争中，星星之火已成燎原之势。

"张楚"军继续攻城拔寨，秦二世只得派大将章邯率兵镇压。

章邯先是击败了西征的周文军，随后又击败了田臧和李归率领的军队。在此之前，吴广已经被田臧杀死。

章邯继续进逼，陈胜在撤退途中为他的驭手庄贾所杀。陈胜死后，"张楚"政权的起义军开始各自为政，逐渐成为一盘散沙。

伴随着陈胜、吴广双双被杀，轰轰烈烈的大泽乡起义也就此宣告失败。虽然陈胜吴广起义的火苗已经熄灭，但此时全国范围内又升起了数不清的星星之火。

在众多火苗之中，尤以刘邦和项羽这两股火苗燃烧得最旺。这两股火苗中的一股烧毁了整个阿房宫，另一股则燃尽了整个大秦王朝。

古罗马

公元前202年

扎马战役中，大西庇阿打败汉尼拔，迦太基被迫与罗马签订和约。

公元前198—前186年

古罗马统治区域奴隶起义不断。公元前 198 年迦太基奴隶起义，公元前 196 年伊特拉斯坎奴隶起义，公元前 186 年南意大利奴隶起义。

这些起义虽然最终都失败了，但对日后的奴隶运动产生了深远影响。

公元前73—前71年

在斯巴达克斯的率领下，古罗马爆发奴隶起义，这支人数不多的起义队伍多次击败罗马军队，但最终却遭到克拉苏的镇压，没有获得最终成功。

参与起义的近 6000 多人被钉死在亚璧古道旁的十字架上。

楚汉争霸与汉朝建立

在陈胜、吴广建立"张楚"政权后，分封了许多诸侯，其中主要是秦统一之前的六国遗族。这些旧贵族趁着秦末混乱纷纷掀起复国运动。

所以在陈胜、吴广死后，秦军还需要继续消灭这些如野草般丛生的诸侯国。在秦攻灭这些诸侯国的过程中，刘邦和项羽不断培植自己的势力，最终成为秦末最重要的两股反抗势力。

伴随着这两股势力的不断增长，反秦斗争逐渐转变为项羽和刘邦的"楚汉之争"。

先入关中者为王

公元前 208 年，项梁召集楚地各路起义军，拥立熊心为楚怀王，刘邦也是这一时间归附项梁。同年，项梁于定陶之战中为章邯所杀，义军一时间阵脚大乱。

楚怀王迁都彭城，封刘邦为武安侯，项羽为长安侯，随后兵分两路向秦军发起进攻。

一路楚军以宋义为上将军，项羽为次将，北上救赵；另一路则由刘邦带领，收编项梁和陈胜的残军，西行伐秦。在出发前，楚怀王与诸将约定"先入定关中者王之"。

在整编项梁和陈胜的残军后，刘邦打算从洛阳经函谷关进入关中。但洛阳固守难下，只得向南。

◎ 秦陵兵马俑

在由南向西的过程中，刘邦得张良建议迫降了宛城守将，于是通往武关的道路被打通。

刘邦随后夺取武关，顺利进入咸阳。秦王子婴只得白马素车向刘邦投降。在进入咸阳后，刘邦尽除秦朝严刑峻法，并与关中百姓约法三章，广收民心。

反观项羽方面，虽然领命救赵，但宋义却在安阳驻兵不进。他想要看着两家"鹬蚌相争"，然后自己坐收渔利。

项羽强烈反对这种做法，并且很显然赵军并不是秦军的对手，此时联兵抗秦才是良策。项羽下定决心杀掉了宋义，并列举了宋义的几项罪状，赢得了士兵

◎ 马其顿头盔

世界同期历史

古希腊

公元前197年

马其顿王腓力五世在库诺斯克法莱战役中被击败，第二次马其顿战争结束。

古西亚

公元前192—前188年

塞琉古王国与罗马之间为争夺东地中海霸权，爆发了罗马 - 叙利亚战争。最终罗马获胜，塞琉古王国失去了托罗斯山脉以西的领地。

约公元前190年

阿尔塔什斯一世建立了阿尔塔什斯王朝，统治亚美尼亚王国。

在提格兰二世的领导下，亚美尼亚王国成为西亚最为强大的国家之一，其势力范围从里海、地中海一带一直延伸到埃及。

的信任。

在杀掉宋义掌握军权后，项羽迅速率军北上救赵。在巨鹿，项羽率领数万楚军与章邯、王离率领的四十万秦军展开决战。这次战役中，项羽率部破釜沉舟，力求与秦军拼死一战，最终活捉王离，后来再招降章邯。

经此一战，秦军主力部队基本被消灭，投降项羽的二十万秦军被坑杀殆尽，此后的战争从反秦正式开始转入楚汉之争。

正当项羽与秦军主力搏命时，刘邦在一路招兵买马奔向咸阳。当项羽赢得巨鹿之战后火急火燎地向咸阳赶去时，刘邦早已进入秦皇宫。

听闻项羽率 40 万大军赶来，刘邦只得带着自己的 10 万军队撤出咸阳，驻扎在霸上。项羽在新丰鸿门设宴款待刘邦，却没有借机杀掉刘邦。放虎归山后，祸患终无穷，乌江自刎前的项羽一定会想到鸿门这个场景。

◎ 秦陵铜车马

公元前 206 年，项羽自称西楚霸王，分封十八路诸侯。刘邦被项羽封到了汉中，同时分封秦将章邯、司马欣、董翳分治关中，是为"三秦"。

项羽分封诸侯的四个月后，楚汉战争正式爆发。

楚汉之争

楚汉之争共历时四年，从公元前 206 年刘邦出汉中，"明修栈道，暗度陈仓"定三秦开始，到公元前 202 年项羽乌江自刎结束。

短短四年时间，楚汉之间的争霸战争，就像棋盘上的攻守路数一样，荡气回肠，千变万化，为后世留下了许多精彩故事。

趁着项羽征伐田荣时，刘邦"明修栈道，暗度陈仓"平定了三秦之地。在占据关中后，刘邦一路东进。

项羽派人暗杀义帝（楚怀王），这是送给刘邦的一个宣传的好机会。

义帝死后，刘邦下令全军缟素，并通告天下，称项羽杀义帝，大逆不道，愿天下共击之。自此，刘邦稳居道义制高点。二人的初次对决在彭城展开。

在彭城之战中，项羽带领 3 万军士夜袭汉军，大杀四方。这一战后，刘邦损兵折将，只得退守荥阳。一场大战让刘邦清醒地认识到，想迅速消灭项羽是不可能的，要赢得这场战争必须要往长远去想。

此后，楚汉双方便展开了长达三年的拉锯战。在经历了韩信北伐和楚占荥阳后，楚汉双方达成了以鸿沟为界中分天下的和议。

和议定下后，项羽率军东归。而刘邦则在谋士的建议下，撕毁和约，向项羽发起进攻。刘邦、韩信和彭越率 30 万大军攻楚，公元前 202 年 1 月，项羽在垓下陷入汉军的包围之中。

刘邦以"四面楚歌"让楚军纷纷丢盔弃甲，只剩下少数亲兵跟随项羽。经过一路冲杀突围，行至乌江边时，项羽本可渡江东去，但此时他却心灰意冷，一时间失去了斗志，最终自刎于乌江边。

项羽死后，刘邦开始平定其他未臣服的诸侯。公元前 202 年 2 月，刘邦在定陶氾水之北称帝，建国号为"汉"，定都长安，西汉历史由此开始。

大一统的汉朝

汉朝，是我国第一个取得辉煌成就的大一统封建王朝。短暂的秦王朝虽然开创了大一统封建王朝的先河，却并没有实现长久的繁荣。在承袭了秦始皇留下的政体制度后，汉王朝绵延发展了 400 余年。

西汉初年，经历了秦末乱世征伐后，全国各地一片荒凉景象。刘邦深知秦末暴政给百姓带来的苦难，所以采取了"休养生息"的基本国策。

其后继任的几位皇帝，也同样秉承着这一治国之策。即使在吕后时期，也是采用"无为而治"的方法来治理国家。

文景之治

汉文帝、汉景帝时期，仍然延续了汉初"轻徭薄赋，劝课农桑"的政策。

在租税方面，汉文帝曾下诏"除田之租税"；汉景帝则"令田半租"，实行三十税一额度的征税。除了减免租税，文帝和景帝还大力减少地方徭役，让无地的贫民耕种山泽禁苑。

在发展经济的同时，文帝和景帝还废除了一些严苛刑法，缓和了社会矛盾和阶级矛盾。相比于秦朝的严刑峻法，当时的这种做法更容易维护汉王朝的封建统治。

班固在《汉书》中形容文帝、景帝时期为"太仓有不食之粟，都内有朽贯之钱"。经过文帝、景帝的治理，西汉的国力和财富蒸蒸日上。

汉武帝反击匈奴

汉武帝即位后，首先继承了汉景帝未完成的削藩事业。他通过颁布推恩令，来推动诸侯王让自己的子嗣为诸侯，从而不断缩减诸侯王的封地，加强中央集权统治。

为了进一步加强中央集权，汉武帝还将盐、铁、酒等生意收归朝廷，严禁诸侯国私自铸钱，这样便在经济上加强了中央集权的统治。

在思想方面，汉武帝采纳董仲舒"罢黜百家，独尊儒术"的建议，大力宣扬儒学。对待百姓时，以儒学之道教其归服；对待官吏时，则以法家之道进行约束。

汉武帝时期，最主要的成就就是沟通西域和反击匈奴。

汉武帝首先是派兵平定了南方闽越等的叛乱。随后又多次派兵反击匈奴，迫使匈奴远遁漠北。

为对匈奴发动攻势，汉武帝还派张骞奉使西域，沟通与西域各族的联系。这些行动也保证了丝绸之路的畅通。

霍光辅政与昭宣中兴

汉武帝晚期的"巫蛊之祸"让太子刘据含冤而死。汉武帝死后，年仅 7 岁的刘弗陵继位，是为汉昭帝。

根据汉武帝遗诏，由霍光、金日磾、上官桀、桑弘羊等人共同辅政。

在辅政期间，上官桀、桑弘羊等人打算阴谋除掉霍光，却被汉昭帝识破。

世界同期历史

古罗马

公元前88—前30年

罗马内战时代主要有 3 次战争，最终屋大维成为罗马的唯一统治者。罗马共和国随后被罗马帝国取代。

公元前88—前83年

马略的平民派和苏拉的贵族派展开激战，苏拉攻占罗马，成为第一位终身独裁官。

公元前60—前44年

克拉苏、恺撒、庞培秘密结盟，共同控制罗马政局，史称"前三头同盟"。

此后恺撒笑到最后，集大权于一身，实行独裁统治。公元前 44 年，恺撒被刺杀身亡。

公元前43—前27年

安东尼、雷必达、屋大维公开结盟，史称"后三头同盟"。

此后屋大维打败另外两个人，并在公元前 27 年被元老院授予"奥古斯都"

在彻底清除阴谋政变的上官桀等人后，霍光获得汉昭帝全面信任，开始独揽朝政大权。

霍光延续了汉武帝晚年"休养生息"的举措，使汉朝国力得到了一定的恢复和发展。

汉昭帝死后，因没有子嗣，霍光便迎立汉武帝孙昌邑王刘贺即位，但刘贺在位仅27天就被霍光等人废掉。在废掉刘贺后，霍光又拥立汉武帝的曾孙刘询为帝，是为汉宣帝。

汉宣帝即位后，霍光虽表示要还政于宣帝，宣帝却没有接受，所以此时的朝政大权依然由霍光掌控。

公元前68年，霍光因病去世，汉宣帝以皇帝级别的葬礼将其葬于茂陵。

后世史学家将昭帝与宣帝时期合称为"昭宣中兴"，认为西汉在这段时期基本上改变了汉武帝穷兵黩武所造成的国力空虚状况，是西汉王朝走向极盛的重要阶段。

光武中兴

汉宣帝亲理朝政后，西汉王朝走向极盛时期，是时万邦来朝，西汉再次迎来盛世时期，史称"孝宣之治"。

但这种盛世景象并没有持续太久，伴随着汉宣帝的离世，西汉王朝开始逐渐走向衰落和灭亡。

公元9年，王莽取代汉朝即位称帝，建立新朝。西汉王朝就此终结。

王莽建立新朝后，推出了许多具有开创性的改革措施，但这些措施大多无法落地实行。

新朝末年，绿林、赤眉起义不断，两路起义军分立汉室后裔为帝。在一片混战之中，汉室宗亲刘秀乘机壮大自己的势力，在公元25年沿用汉国号称帝，史称"光武帝"。

称帝后的刘秀先是集中力量消灭了关东地区的武装割据势力，随后又向西方的割据势力展开攻伐。此外，光武帝还与关中地区的赤眉军频繁交手，最终在公元27年彻底消灭赤眉军，占据了关中地区。

关中、关东相继平定后，光武帝制定了由近及远的战略方针，逐步平定了陇、蜀地区，最终取得了统一战争的胜利。

经历了连年征战的光武帝深感战争荼毒社稷，遂决定采用"薄赋敛，省刑法，偃武修文，不尚边功，与民休息"的政策。

通过一系列举措，东汉初年经济逐渐恢复，人口也不断增长，社会安定，百姓安居乐业，史家将这一时期称为"光武中兴"。

◎ 汉五铢钱

◎ 罗马共和国货币

尊号。由此，罗马开始进入帝国时代。

古西亚

公元前64年

在罗马共和国的武力征伐下，塞琉古王国最终失去了伊朗高原和美索不达米亚的全部领土，被罗马共和国攻灭，成为其行省。

古埃及

公元前51—前30年

埃及艳后克利奥帕特拉七世先执政，后登上王位，通过各种手腕为埃及带来了20多年的和平。

公元前30年，屋大维占领埃及，克利奥帕特拉七世自杀身亡，埃及沦为罗马的一个行省。

匈奴的兴起及与汉廷的和战

汉初和亲匈奴

公元前 201 年，韩王信勾结匈奴叛乱。刘邦随后亲率大军出兵镇压。两军接战后，汉军节节胜利。

但后来，刘邦因麻痹轻敌率军突进，被冒顿单于率军困于白登山，史称"白登之围"。

刘邦在白登山被围了七天七夜，眼看粮草将尽，危在旦夕，幸得谋士陈平献计，重金贿赂冒顿之妻阏氏，方得脱险。

此时，刘邦意识到现在与匈奴展开攻伐之战必将危害政权的稳固。

为此，他接受刘敬的建议，与匈奴展开和亲，准许开展贸易。自此，双方关系有所缓和，但匈奴恃其强盛，仍侵扰不断。

西汉初年，百废待兴，只能通过和亲的方式安抚匈奴，从而为自身巩固、发展经济、筹划反击准备时间。

从汉高祖刘邦到汉武帝刘彻，近 60 年时间里，匈奴虽然仍不时侵扰，但双方并没有爆发过严重冲突。这为西汉王朝发展经济和加强军队建设提供了宝贵时间。

利用这段时间，汉高祖刘邦平定了异姓诸侯王的叛乱；汉文帝与汉景帝采取与民休息的政策，大力发展生产，开创了"文景之治"。

从汉武帝开始，西汉王朝一改对匈奴的防御策略，对匈奴展开了积极的战略进攻，并取得了显著的成果。

汉武帝反击匈奴

汉武帝反击匈奴始于公元前 133 年，共历时 44 年。

公元前 133 年，汉武帝部署 30 万大军设伏马邑，想围歼单于，虽因泄密没能成功，但反击匈奴战争揭开了帷幕。

公元前 127 年，汉武帝派卫青向河南地发起突袭，这里此前一直被匈奴楼烦王和白羊王所部占据。此次进攻，汉军成功收复河南地。匈奴就此失去了南侵的跳板，汉军获得了一个向匈奴继续发起进攻的战略基地。

丢失了战略要地后，匈奴曾几次出兵袭扰，想要夺回河南地。公元前 124 年，汉武帝继续展开反击，对匈奴发动了漠南之战。

在漠南之战中，汉军兵分两路：一路出朔方，进入漠南，反击匈奴右贤王；另一路牵制匈奴单于和左贤王部队。第二年，卫青又两次击匈奴于漠南。汉军在这几次战争中都大获全胜。

由于漠南地区的匈奴已经基本退至漠北一带，汉武帝便集中兵力对河西之地的匈奴展开反击，由此拉开了河西之役的大幕。

此前在漠南之战中，霍去病首次出征就深入敌后，俘虏匈奴单于的叔父和相国，被汉武帝封为"冠军侯"。这一次，汉武帝让年仅 19 岁的霍去病担当主帅，

世界同期历史

中亚、南亚

约公元前190—前168年

在地米特留斯继承大夏王位后，大夏开始不断向南扩张，并将大约相当于今阿富汗和巴基斯坦所在的地区纳入大夏版图。

此后地米特留斯将首都迁至咀叉始罗，使国家的重心移入古印度的西北部。

王国版图内呈现两个地区对立的格局，最终国家走向分裂。约公元前 168 年，大夏一分为二。

中亚

公元前1世纪

公元前 1 世纪后半叶，贵霜翕侯丘就却兼并四翕侯，自立为丘，国号"贵霜"，遂开创贵霜王朝。至迦腻色伽在位期间，贵霜王朝臻于极盛。

指挥河西之战。

河西之战主要打了两次，第一次霍去病率精锐骑兵一万从陇西越过乌鞘岭，进攻河西走廊处的匈奴军队。

霍去病在此战中使用快速突袭的战法，迅速攻破了河西地区的匈奴五部。在追击匈奴军队的过程中，又在皋兰山斩杀匈奴浑邪王和休屠王的军队9000人。

第一次河西之战凯旋后，汉武帝亲自出城迎接。很快，霍去病又接到了再次进攻河西的命令。这一次霍去病采用长途奔袭战法，从后方大败匈奴主力，杀敌3万，俘获五个匈奴王等百余人。

在成功招降浑邪王及其部众后，霍去病成功收复了河西地区。这样一来，汉廷通往西域的道路便就此打通，匈奴也被驱赶到漠北之地。

为了彻底铲除匈奴势力，汉武帝在公元前119年再次派兵进攻匈奴，展开漠北之战。

卫青和霍去病分路出击，成功击破匈奴主力。霍去病率领轻骑，一路追击到狼居胥山。在这里，霍去病"祭天封礼于狼居胥山，祭地禅礼于姑衍山"，随后又领兵追杀到今贝加尔湖附近。

"封狼居胥"这个典故就是由此而来，其也成为武将的最高荣誉。

这次漠北之战由于阵线过长，规模较大，汉军付出了较大代价。但此战也基本将匈奴主力消灭，此后匈奴再也无力进犯，只得远遁极北之地。

汉武帝果断反击匈奴，从和亲防御转为战略反击，一举清除了匈奴对汉王朝的威胁。这对于巩固汉王朝政权是具有积极意义的，但经过连年战争，汉王朝也损耗了大量的军力、财力，基本将前几代的积蓄挥霍一空。

汉武帝晚期意识到穷兵黩武的错误，为了缓和社会矛盾，决定"弃轮台之地，而下哀痛之诏"，恢复汉初"无为而治，与民休息"的治国思想，使汉王朝重新恢复了生机，同时也为昭宣中兴奠定了坚实的基础。

昭君出塞与东汉灭北匈奴

公元前54年，匈奴呼韩邪单于向汉朝称臣归附。公元前33年，又向汉元帝请为汉婿。汉元帝将宫女王昭君嫁与呼韩邪单于，此后双方40余年没有战事。

到了东汉初年，匈奴全境天灾不断，统治集团内部也发生内讧。公元48年，匈奴日逐王比率众归附汉朝，其所率领的匈奴部落此后被称为南匈奴。其余匈奴部落则被称为北匈奴。匈奴分裂。

东汉明帝时期，北匈奴势力逐渐壮大，开始肆意袭扰东汉边界。明帝便打算仿效汉武帝对北匈奴发起进攻，同时恢复与西域的关系。

公元73年，汉明帝派出四路汉军进攻北匈奴。窦固与耿忠部至天山，大败呼衍王，追至蒲类海，于伊卢吾置军屯田。第二年，窦固深入西域，逐北匈奴，随后又乘胜降服车师。

经此一役，东汉复置西域都护和戊己校尉，恢复了与西域的关系。

公元89年，汉军以窦宪为帅，联合南匈奴，在稽洛山大破北匈奴，基本消灭了北匈奴主力。

在稽洛山之战后，受到重创的北匈奴向东汉求和。在南匈奴的建议下，汉廷一面与北匈奴展开和谈，一面默许南匈奴对北匈奴发起进攻。在得知北匈奴势力衰微时，汉军再次向匈奴发起进攻。

公元91年，左校尉耿夔率领800精锐骑兵，长途奔袭金微山，大破兵力数倍于己的匈奴军。经此一战，北匈奴彻底退出漠北地区，逐渐向西远迁。

古罗马

约公元前31年

屋大维成功说服元老院，向埃及艳后克里奥帕特拉七世宣战。克里奥帕特拉七世与安东尼一同率舰队迎战，最终兵败爱奥尼亚海，二人自杀。

实际上这是罗马共和国权力斗争发展的必然结果，经此一战，罗马共和国多年内战宣告终结，埃及被划入罗马版图。屋大维将成为罗马帝国的缔造者。

公元前27年

屋大维"放权给元老院和罗马人民"，但保留了实际的军事和政治统治权。元老院授予屋大维"奥古斯都"尊号。一般认为罗马帝国由此开始。

非洲

公元3世纪

非洲西部古国加纳王国建立，其统治区域大致在尼日尔河北岸和塞内加尔河上游。

汉通西域和丝绸之路

张骞第一次奉使西域

公元前 139 年，汉武帝派张骞带着一百余随从陇西出发，踏上了奉使西域之旅。

由于当时汉武帝还没有正式对匈奴展开攻伐，所以张骞所走地区仍然处于匈奴势力控制中。结果张骞刚离开陇西不久就被匈奴士兵发现，被俘虏之后囚禁了 10 余年之久。

后来，张骞趁着匈奴人的疏忽，带着向导堂邑父逃了出来，继续前往大月氏。在途经大宛、康居后，张骞成功抵达了大月氏。

当时的大月氏因为从游牧生活改为农业定居在妫水北岸，他们已经无意再与匈奴开展战争了。在大月氏停留了一年左右时间，张骞只得失望而归。

这一次张骞刻意避开匈奴控制地区，改道从南而行。但出乎他意料的是，该区域也已经落入匈奴之手，这一次他又被扣留了一年多时间。

公元前 126 年，张骞趁匈奴内乱带着妻子和堂邑父逃回了长安。

从公元前 139 年算起，张骞第一次奉使西域一共用了 13 年时间。在出发之时，张骞带着 100 多人，而回来时只有他和妻子以及堂邑父三人。

这次奉使虽然没有达成联合大月氏共同对抗匈奴的目标，但获得了许多西域的珍贵资料。《汉书·西域传》中的许多内容正是张骞向汉武帝汇报的内容。

在归国后，张骞曾随卫青一同出征匈奴，为汉军寻路提供了重大帮助，为此汉武帝特封其为"博望侯"。

张骞第二次奉使西域

乌孙在西域虽强，却受匈奴压迫，经常要为匈奴提供钱粮和武器。如果能够拉拢乌孙从右侧攻击匈奴，匈奴就会遭到左右夹击，不仅战线会被拉长，钱粮和武器的补给也会就此断绝。这样匈奴就会慢慢衰落下去。

公元前 119 年，汉武帝采纳了张骞的建议，他第二次奉使西域，目的地乌孙，以求一起对抗匈奴。

这一次张骞带领了 300 多人，每人备有两匹马，同时还带有牛羊万头和金帛货物"数千巨万"。由于此时汉军已经完全占据了河西走廊，所以张骞使团很顺利便到达了乌孙。

在到达乌孙后，张骞向乌孙王表达了"乌孙能东居故地，则汉遣公主为夫人，结为昆弟，共距匈奴，不足破也"的意愿。但由于乌孙当时慑服于匈奴，且对汉廷了解不足，所以一时拒绝了张骞的建议。

虽然没有成功联合乌孙，但张骞在乌孙时，曾派遣副使前往大宛、康居、大月氏、大夏、安息。当其返回长安时，使者纷至沓来，由此交流日益频繁起来。

这次奉使虽然没有完成"断匈奴右臂"的计划，但汉武帝及其后的继位者却并没有放弃这一计划。汉武帝时期曾将细君公主、解忧公主嫁与乌孙，汉宣帝时期则"遣校尉常惠使持节护乌孙兵"，就此开启了与乌孙一起抗击匈奴的序幕。由此也实现了汉武帝时期的"断匈奴右臂"计划，最终彻底将匈奴逐走，解除了威胁。

张骞两次奉使西域虽然都没有达成军事上的目的，但都加强了与西域的经济文化交流。这两次奉使，加强了和西域的联系，更开辟了中国通往西方的"丝绸之路"。

丝绸之路的开辟

早在先秦时期，中国就已经拥有了与西方交流的通道，但当时东西方交流的规模和频次都比较弱，具体的路线并不固定。真正意义上最早的东西方经济文化交流的通道，应该是汉武帝时期张骞所开辟的丝绸之路。

张骞两次奉使西域开辟了通往西方的"丝绸之路"。汉武帝反击匈奴则确保了这条通道的安全。在将匈奴彻底赶出漠北后，丝绸之路成为东西方经济文化交流的重要通道。

西方的音乐、绘画、雕塑、天文、历算等知识通过丝绸之路来到中国。中国的丝绸、漆器、铸铁技术、开渠技术也通过丝绸之路传向西方。佛教就在东汉初年通过丝绸之路传入中国内地。

◎ 新疆出土的汉代丝绸

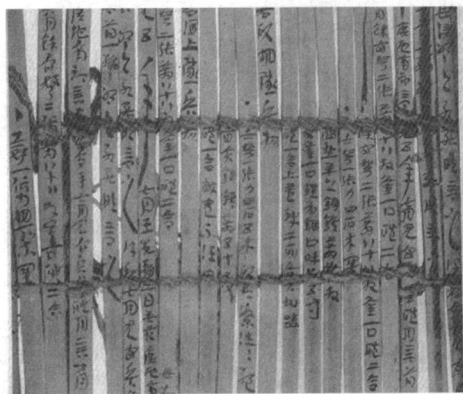

◎ 新疆出土的汉简

　　王莽当政时和东汉期间，西域虽几度因政局波动暂与汉廷中断联系，但商业往来未受大影响。班超经营西域期间，派甘英出使大秦（罗马帝国）。甘英是汉代中国官员沿丝路西行最远者。

　　在此后的历朝历代中，丝绸之路在东西方交流方面发挥了重要作用，尤其在隋唐时期更是空前繁荣。各国人士聚集在盛世长安中的大唐盛景，更是得益于这条丝绸之路的畅通。

◎ 楼兰遗址

◎ 古玉门关遗址

◎ 《张骞出使西域》壁画

两汉经济大发展

汉朝是我国封建大一统社会的第一个经济繁荣时期。这一时期的农业和手工业都得到了迅速发展，城市人口和规模出现了显著增长。丝绸之路的开通更是极大丰富了汉王朝的商品贸易。经济上的繁荣也成为汉王朝成功反击匈奴，稳固疆域的重要保障。

农业的发展

汉朝承认土地私有，土地拥有者也可以自由买卖土地。国家通过向土地所有者征税来获得财政收入。

在西汉末期和东汉末期，土地兼并非常严重，豪强地主势力壮大，最终形成了称霸一方的割据势力。

当时，牛耕是主要的农业耕种方法，铁制农具则已经成为主要的生产工具。中亚、西亚等地的特产，特别是石榴、葡萄、苜蓿、芝麻等植物，随着丝绸之路的开辟，相继传入中原。

两汉时期的水利建设也是农业发展的一个重要因素。汉武帝和汉明帝时期曾大规模治理水患。水患一除，原来被淹没的土地变成肥沃的良田。

在治理水患的基础上，两汉时期在黄河流域还建造了许多灌溉工程，较为著名的有漕渠、白渠和六辅渠等。西北地区因为缺少河流水源，所以主要修建了特殊的水利工程坎儿井。

耕种工具和耕种技术，以及农田水利工程的修建，成为两汉时期农业发展的主要因素。这一时期还出现了一些研究农业生产的专著，其中，《氾胜之书》记录了作物栽培的内容，而《四民月令》中则记录着农事活动安排和农业生产技术等方面的内容。

手工业的辉煌

在农业取得较大发展的同时，两汉时期的手工业发展也取得了辉煌成就，其中尤以冶铸、纺织、煮盐、造船等行业的发展最为突出。

冶铁技术从战国时期开始大规模发展，到了汉朝中期已经基本成熟，无论在规模和水平上都得到了显著提高。

西汉初年，冶铁业分为国营、官营和民营三种类型。卓文君的父亲卓王孙就是一位冶铁专家，卓家也正是依靠冶铁而致富的。

到了汉武帝时期，为了充实财政收入，冶铁被收归国营。这时汉朝的冶铁业开始朝着大规模、多人员、全设备的大型生产作坊转变。

公元31年，杜诗发明机械水排，以水力取代了人力和畜力，来鼓风铸铁，大大提高了铸铁的效率，冶铁业也变得更为发达。欧洲在一千多年以后才出现了同类设备。

两汉时期的纺织技术也取得了较大发展，能够织造出纱、罗、绮、锦等多

世界同期历史

古罗马

约公元前133—前121年

罗马保民官提比略·格拉古和盖约·格拉古兄弟提出施行以土地问题为核心的改革。

改革触及了元老贵族的利益，格拉古兄弟及其支持者纷纷被杀，改革以失败而告终。

约公元前107年

罗马将军马略进行军事改革，一系列改革措施解决了当时罗马面临的兵源问题，增加了军队的战斗力，但同时也为军事将领夺权提供了便利。

公元前82—前79年

罗马政治家、军事家苏拉迫使元老院选举他为无限期的独裁官。

公元72—80年

古罗马圆形剧场建设完工，椭圆形的剧场共有四层，可容纳五万名观众共同观赏。

种丝织品。在海昏侯墓的考古发掘中，考古人员从已经出土的竹简和木牍上发现了十多种丝织品的记载。

除了丝织品外，考古发掘还出土过汉代的一些毛织品、麻织品和棉织品。在长沙马王堆汉墓中，出土了许多制作精良的麻织品，其中一些苎麻布的精细程度已经接近了现代的细布。

从这些考古发现可以看出，汉代的纺织业发展已经相当成熟，会稽的越布、巴蜀的蜀锦都名噪一时。

漆器加工也在汉代发展到鼎盛时期，相比于战国时期的漆器，汉代漆器实现了美观与实用的结合。

不过在汉代之后，漆器逐渐为瓷器所取代，漆器质量也出现较大幅度下降。瓷器开始取代漆器，走入了人们的生活中。

商业的繁荣

两汉时期的政策多有"重农抑商"的成分，商人地位相对较低。但在汉代开辟丝绸之路后，东西方商业往来日益紧密，汉代的商业贸易也出现了空前繁荣的景象。

汉代的国内商业贸易活动主要以黄河流域为主，淮河流域和长江流域次之，主要交易货品是粮食、肉类和一些日常用品。

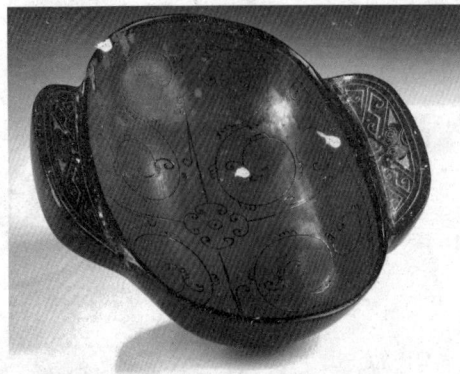

◎ 汉代漆器　　　　　　　　　　　　　　　◎ 贵霜帝国的陶器

汉代的国际贸易主要有丝绸之路和东南海路两途。其中丝绸的贸易最为繁荣，汉代的丝绸远销至罗马帝国。西方的商品也源源不断地输入中国。

《史记·货殖列传》中描述西汉前期商业景象时写道："汉兴，海内为一，开关梁，驰山泽之禁，是以富商大贾周流天下，交易之物莫不通，得其所欲。"人口的大规模增长成为汉代商品流通规模大增的一个重要因素。

东汉时期的农业和手工业技术比西汉有所提升，但商业发展水平却没有超过西汉。东汉商业较为发达的地区主要是长江以南的一些郡，伴随着人口增长，出现了一些新兴城市。

长安和洛阳是两汉时期较为繁华的都邑，即使在当时的世界范围内，长安和洛阳也是少有的大城市。西汉时期长安的人口大约有五十万，而东汉洛阳的人口则超过了一百万。

两座城市中不仅有百姓的居住区，还有专门的商业区"市"。各类行人车马、各种工具商品，凡此种种都反映出了汉代城市的繁华景象。

公元118—128年

现存的罗马万神殿为公元118年到128年所建。圆形的宫殿及其上的穹顶以混凝土浇筑而成。入口门廊则采用希腊神殿造型，具有浓厚的当时的艺术风格。

约公元2世纪

罗马帝国时代的城市迅速发展，各城建设以罗马城为原型，多配有广场、神庙和圆形剧场。鼎盛时期的此类城市遍布亚、欧、非三大洲。

约公元3世纪

古罗马自由的小农由于地位衰落，逐渐依附于大地主。人身自由受到限制的小农成为隶农，一些奴隶也开始转变为隶农。

中亚

约公元1世纪—5世纪

贵霜部兴起，建立贵霜帝国。地处"丝绸之路"必经地带的贵霜帝国商品经济发达，文化特征多样，既有古印度、伊朗风格，也有希腊文化的特征。

昌盛的秦汉文化

秦汉时期的文化根源于春秋战国时期。在春秋战国的社会大变动中，产生了极为丰富多样的社会文化。

秦汉文化具有其独有的时代特色，也对此后两千多年的中国文化产生了深远影响。可以说，中国文化的精神特质就是在秦汉时期形成的。

蔡伦改进造纸术

在蔡伦造纸之前，我国古代人民已经使用上了纸。蔡伦通过改造造纸技术让纸的造价更低、质量更高，从而促使纸的应用得到了普及。

作为中国古代四大发明之一，纸最早来自古人利用漂絮法制取丝绵，漂絮之后在篾席上的残絮堆积形成了一层纤维薄片，这层纤维薄片就是最早的纸。

由于缺少完整的文献记载，我们无法细致地了解古代人民造纸的全过程。但当时的纸张质地粗糙、成本较高、质量很差、普及程度低等特点是有记载的。蔡伦将树皮、麻头、渔网等原料，经过挫、捣、抄、烘等工序制成了质量更好的纸。

蔡伦制造的纸张不仅质量较高，成本也非常低，这就大大促进了纸张的普及和推广。更为重要的是，蔡伦创制了一种固定的造纸工艺流程。在此后的历朝历代中，这套造纸工艺流程都没有太大改变。

为了纪念蔡伦的功绩，后世将蔡伦改进造纸术后生产出来的纸称为"蔡侯纸"。

宗教的发展

东汉是我国哲学发展和宗教形成的重要时期。东汉时期唯物主义对唯心主义的论战，推动了中国哲学的发展。

中国的本土宗教道教形成于东汉时期。古代中国是一个多神信仰社会，随着专制主义中央集权国家的建立，在秦汉时期出现了神权等级系列，经方士的改造，逐渐推出黄帝与老子作为道教的教主。东汉末年民间形成的道教有多支，著名的有张角的太平道和张陵的五斗米道。

佛教起源于古印度，是在东汉初年沿着丝绸之路传入中国内地的。佛教主张"人死精神不灭"，宣扬"因果报应"，认为要行善、修道为来世造福。这种思想有利于维护统治阶层的利益，所以佛教很快得到了提倡和宣扬。

东汉明帝时期，摄摩腾和竺法兰两位高僧用白马将《四十二章经》和佛像运到了洛阳，明帝特意为此修建了白马寺。由此，白马寺成为佛教传入中原后建立的第一间寺庙。至于白马寺名称是明帝时期拟定的，还是后世所称，还存在一些争议。

哲学与史学

东汉哲学家王充在其著作《论衡》中主张人间社会的一切根本不是上天的有意安排。全书贯穿反俗儒、反谶语、反迷信的精神。

王充广泛吸收先秦以来儒家、道家、法家、墨家等学派的思想，总结了前人

世界同期历史

古希腊

约公元前2世纪

古希腊帕加玛城邦的人们将牛皮或羊皮去毛处理后，用为双面书写材料。这种"羊皮纸"此后成为中世纪欧洲主要的书写材料。

约公元前276—前194年

埃拉托色尼著有《地理学概论》一书，通过此书总结了古希腊地理学的成就。

约公元前200—前118年

古希腊历史学家波利比奥斯完成《通史》。该书共40卷，记述了古罗马从公元前200年到前144年间的历史。

公元3世纪

普罗提诺将柏拉图的客观唯心主义哲学、基督教神学观念与东方神秘主义思想熔为一炉，形成了"新柏拉图主义"哲学流派，并对西方中世纪基督教神学产生了重大影响。

的思想，特别是自然科学的成就。

《论衡》的内容十分丰富，以唯物观为出发点，是一部中国古典唯物论的不朽之作。

比王充稍早的司马迁，生活在汉武帝时期，他完成了我国第一部纪传体通史——《史记》。

《史记》记载了从黄帝到汉武帝元狩元年间，长达 3000 多年的历史。全书共 130 篇，包括十二本纪、三十世家、七十列传、十表、八书。

东汉时期，班固首创了纪传体断代史《汉书》。该书记述了上起汉高祖元年，下至王莽地皇四年共 200 多年的历史。

《汉书》是继《史记》后中国又一部重要的史书，与《史记》《后汉书》《三国志》并称为"前四史"。

天文学、数学和医学

两汉时期天文学的发展主要表现在星象观测和天文历法方面。

《汉书·五行志》记载了两次太阳黑子，第二次更将黑子的位置、时间都记述得十分详细。这是世界上最早的太阳黑子记录。

除了天象记录，两汉时期的天文学家们也发明了很多天象观测仪器。

落下闳曾与邓平、司马迁一起创制《太初历》，他还制造了浑仪；刘洪创制了历法《乾象历》，并且提出了食限的概念；张衡则创制了世界最早的自动运转的天文演示仪器水运浑象，以及世界上第一架测定地震的仪器地动仪。

大多数人对司马迁的印象多停留在史学家的层面上。其实，他还是一位对天文星象颇有研究的星象学家。其在《史记》中的《天官书》《律书》《历书》都阐述了具体的天文思想。

与天文学一样，两汉时期数学领域也涌现出了许多人才，其中还出现了一位著名的女数学家班昭。

班昭是班固的妹妹。《汉书》中班固没有完成的部分，就是由班昭续写的。在汉和帝时，班昭便被召入宫中，教授皇后和妃子们天文学及数学方面的知识。

两汉时期在数学领域还出现了许多理论专著，《九章算术》就是其中的典型代表。

该书全面总结了从战国到秦汉时期我国的数学成就，其中涉及了分数及"盈不足"等问题，同时还在数学史上首次论述了负数及其加减运算的法则。这部书的出现成为我国古代数学形成完整体系的标志。

在医学领域，华佗和张仲景是汉代著名的医学家。在张仲景创作《伤寒杂病论》之前，《内经》《难经》《神农本草经》等古典医药学典籍就已经问世，所以张仲景在创作《伤寒杂病论》时，不仅凭借自己多年行医的经验总结，同时也继承和发展了汉代以前的医学成就。

华佗对传统中医学的贡献在于创制了麻沸散和五禽戏。麻沸散是一种让人全身麻醉的药剂；五禽戏则是华佗模仿虎、鹿、熊、猿、鸟等五种禽兽的活动，所创的一套医学保健操。这种医学体操即使到现在依然广为流行。

秦汉文化是对先秦文化的总结和升华，在研究和学习时不能孤立地看待秦汉时期取得的文化成就。这一时期的很多文化成就都是源自先秦时代人们的探索和钻研。五千年的中华文明正是这样延续和发展的。

古罗马

约公元前160年

古罗马政治家、演说家、农学家加图创作完成《农业志》一书。该书是罗马历史上第一部农书，虽只有2万余字，但内容却非常广泛，涉及农庄经营、家畜养殖、奴隶管理等。

约公元前100—公元14年

古罗马文学进入"黄金时代"，这一时代主要涵盖了"西塞罗时期"和"奥古斯都时期"，拉丁语文学和艺术出现了空前繁荣的景象。

约公元120年

古罗马伟大的历史学家塔西佗逝世，其著作《历史》和《编年史》详细记录和解读了罗马帝国从公元14年到96年间的历史。

古印度

约公元1世纪

古印度的"希腊式佛教雕刻艺术"犍陀罗艺术产生。此后这一艺术形式越过帕米尔高原传入我国，对我国的绘画和雕塑美术产生了一定影响。

汉朝的崩溃

东汉末年，汉朝内政混乱。宦官和外戚相互争权夺利，皇帝的权位被架空。外戚和宦官轮流擅权，汉朝的江山到了岌岌可危的境地。

一些有良知的士大夫看到国家陷入危亡，纷纷决定奋起反抗，铲除那些祸国乱政的宦官们。由此，"党锢之祸"便发生了。

党锢之祸

东汉末年一共发生了两次党锢之祸，第一次在东汉桓帝时期，第二次则在东汉灵帝时期。

公元166年，河南尹李膺捕杀教子杀人的张成，而张成素来交通宦官。宦官们为报复，派人向桓帝进谗言，诬告李膺与太学生等"朋比为奸"，诽谤朝廷。

太尉陈蕃为维护正直官员向桓帝上书，也招致宦官们的疯狂报复。宦官们污蔑这些正直的大臣们为"党人"。桓帝听信谗言，大批官员被捕入狱。

在监狱中，虽然屡遭酷刑，但这些士大夫们却毫不畏惧。一些士大夫故意供出宦官子弟，这让宦官们大为紧张，只得向桓帝进言释放这些大臣。这些大臣虽然出了牢狱，但却被终身罢黜。由此，第一次党锢之祸宣告结束。

公元167年，汉灵帝即位后，一些正直的大臣又重新得到任用。外戚窦武与陈蕃密谋诛杀宦官。

后事情泄露，宦官们发动政变，劫持窦太后，假传诏书追捕窦武、陈蕃等人。最终，陈蕃、窦武等人遇害。李膺等数百余士大夫也被下狱处死。

相比于第一次党锢之祸，这一次的后果显然更为严重。东汉末年的社会环境变得更为动荡。

黄巾起义

东汉末年，外戚与宦官轮番掌权，朝廷政局混乱，地方土地兼并严重，徭役兵役繁重，社会动荡，民变四起。

巨鹿人张角与其弟张宝、张梁创建了太平道。他们以《太平经》为经典，广纳门徒，十年时间广纳门徒十万之众。

张角将徒众分为36方，大方万余人，小方六七千人，每方设一渠帅，由他统一指挥。因为这些起义军都头戴黄巾，所以后世称其为"黄巾军"。

虽然黄巾军数量很多，但由于分散在各地，所以多各自为战，再加上缺乏战斗经验，轻松就被东汉王朝击破。不到十个月时间，轰轰烈烈的黄巾起义便以失败告终。

◎ 东汉士卒

世界同期历史

古罗马

约公元前27—公元180年

这一时期罗马帝国将北非、西亚、西班牙、高卢、南部不列颠都囊括在自己的疆域中，经历了约两个世纪的和平时期。公元14年，罗马元首屋大维（奥古斯都）去世，提比略继位。

公元37年，提比略死于卡普里岛，卡利古拉继承帝位。

公元41年

罗马帝国早期暴君卡利古拉被近卫军大队长卡西乌斯·卡瑞亚刺杀。

在克劳狄一世继承帝位后，罗马帝国逐渐从混乱中恢复过来。

公元54—68年

尼禄继承克劳狄一世的帝位，在位期间做出了一些政绩，但更多的是荒淫暴戾的统治。

公元68年，尼禄在暴动中被迫自尽，结束了自己的一生，同时也结束了罗马帝国的第一王朝。

　　黄巾起义是特定历史时期社会矛盾激化的产物，其只是东汉末年众多农民起义军的一部分。虽然黄巾起义失败了，但东汉末年的农民起义却始终在持续，这也成为东汉走向灭亡的一个重要推动力量。

董卓之乱

　　东汉时代的外戚专权起于东汉和帝时期。汉和帝年幼继位，朝政被外戚掌握。为了收回大权，和帝只得依靠宦官。

　　经过一番争夺对抗，外戚专权的局面有所缓解，但宦官却取代了外戚，成为新的专权势力。汉和帝之后的几位帝王都很重视宦官，这也使得宦官的权力一时无两。

　　汉灵帝时期士大夫们的抗争并未取得良好效果。汉少帝时，外戚何进辅政，由此掀起了新一轮外戚与宦官的斗争。

　　何进与官僚贵族袁绍密谋诛杀宦官，并邀请董卓进京协助自己清除宦官。不

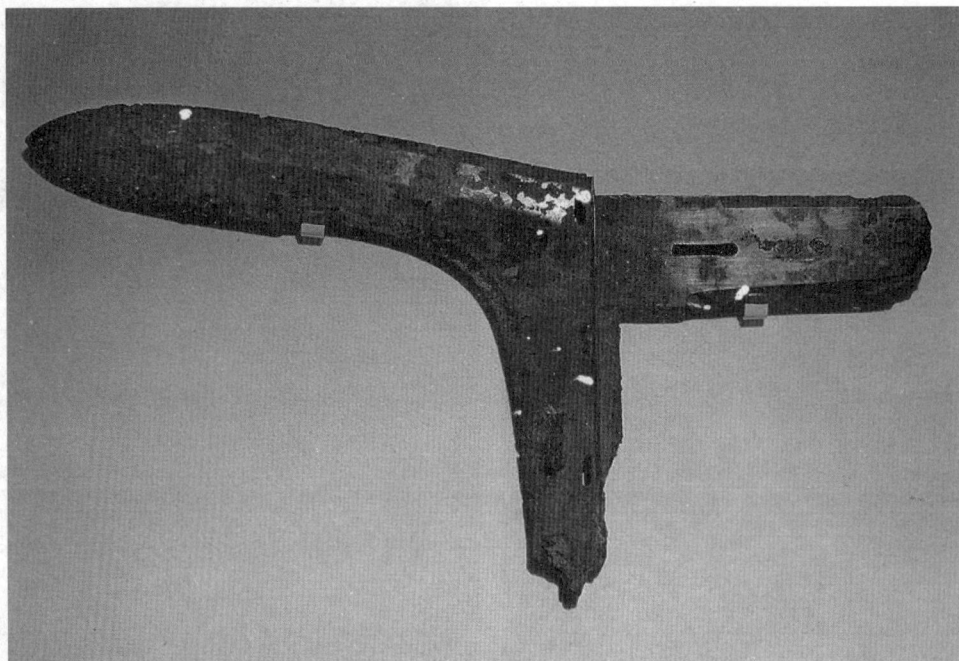

◎ 汉代兵器

想计划败露，何进被宦官张让杀害。

得知何进遇害后，袁绍趁机带兵攻入宫中，杀光了所有宦官。但此时远道而来的董卓也已经进入洛阳，野心勃勃的董卓仗着手握重兵，废掉了汉少帝，并立刘协为皇帝，由此开始了挟天子以令诸侯的专政统治。

董卓的残暴统治让地方官吏多有不满。趁着汉王朝大厦将倾之机，这些地方官吏纷纷举兵反抗，名为匡扶汉室的反董卓联军，实则是都想着扩充自己的地盘。在这种群雄争霸的斗争中，东汉王朝逐渐灭亡，历史的车轮进入三国时期。

◎笈多王朝雕像

公元96—180年

罗马帝国进入"五贤帝"时期，这一时期是罗马帝国的黄金时代。这五位皇帝分别是涅尔瓦、图拉真、哈德良、安东尼·庇护、马可·奥勒留。

公元193—284年

塞维鲁王朝建立后，罗马进入后期帝国时期。由此到公元3世纪，罗马出现了近百年的混乱。一些史学家称这段时期为"三世纪大危机"时期。

古印度

3世纪下半叶

古印度王公纷纷独立，至古印度的第一个王朝笈多王朝兴起时，贵霜被迫蜷缩在犍陀罗和斯瓦特谷地。

西亚

公元213—224年

强盛一时的帕提亚帝国（安息）由于常年与罗马交战，以及内乱不断，最终被萨珊王朝取代。

|第四章|
政权分立与民族融合

　　东汉末年，天下大乱，割据四起。在经历了人杰辈出的三国时代后，中国历史从分裂再次统一。但在西晋短暂的统一之后，中国历史又如过山车一般进入混乱时期。这一时期乱确实是乱，但也为中国丰富多彩的多民族文化增添了浓墨重彩的一笔。

三国鼎立

东汉末年，黄巾起义爆发。汉王朝为了对抗风起云涌的起义形势，开始下放权力，让各地州郡自己募兵来清剿黄巾军。

黄巾起义被各地州郡剿灭，但这些州郡却手握重兵，形成了大大小小几十个割据势力，其对东汉王朝的威胁丝毫不亚于黄巾军。

由于各地州郡的权力是汉廷赋予的，汉廷虽然有名无实，但至少依然存在着。而这些州郡割据势力也没有谁敢率先向朝廷发难，他们彼此间存在着一种微妙的制约关系。一旦有谁先打破这种彼此间的默契，汉王朝真正的危机就到来了。

群雄逐鹿

董卓之乱为地方割据势力起兵提供了必要条件，眼见董卓要"祸乱汉室江山"，地方州郡纷纷起兵，联合讨董。很快，董卓之乱便被解决，但真正的乱世才刚刚开始。

董卓死后，各地割据势力开始"占山为王"，争权夺利。当时势力较大的割据势力，北方以占据河北的袁绍、占据兖州和豫州的曹操为首，南方则以占据扬州的袁术、占据荆州的刘表和占据江东的孙坚为主。

在经过一番厮杀混战后，袁绍统一了河北，曹操占据了徐州，孙坚及孙策则在江东做大做强，荆州的刘表也稳据一方。

到了这个阶段，曹操和袁绍两大割据集团想要继续发展，就要从对方身上下手。由此，公元200年，曹操和袁绍相持于官渡（今河南中牟），展开了一场决战。

从军事实力来讲，曹操是完全处于下风，当时据说袁绍组建了近十万精兵的军队，而曹操仅有两万余人。单纯从兵力上来讲，这一仗曹操是很难打胜的。

但兵力的多寡永远不是决定战争胜负的唯一因素。在官渡之战中，曹操以少数兵力和灵活战术，最终取得了胜利。

官渡之战，曹操不仅基本歼灭了袁绍主力，更奠定了自己一统北方的基础。至此，北方再无人可与曹操抗衡。

天下三分

统一北方之后，曹操开始着手对江南展开征伐。公元208年，曹操趁刘表病亡之机，占据荆州。是时，刘备通过三顾茅庐请到了诸葛亮，但由于曹操兵多将广，刘备只得逃往夏口投奔刘琦。

到夏口后，诸葛亮主动请求赴江东求救于孙权。在鲁肃的帮助下，诸葛亮在柴桑舌战群儒，成功劝说孙权联合抗

◎ 罗马帝国皇帝瓦伦提尼安

世界同期历史

西亚

公元224—651年

萨珊王朝也称波斯第二帝国，统治时期内长期与罗马及拜占庭帝国交战，在阿拉伯人入侵后走向灭亡。

公元224年，阿尔达希尔一世推翻帕提亚帝国，建立萨珊王朝，占领了广大地区。在此之后，阿尔达希尔一世并没有停下扩张的脚步，继续带领萨珊军队北征亚美尼亚。

古罗马

公元293—324年

罗马开始实行"四帝共治制"，罗马帝国东西分隔的趋势进一步加剧。

公元364年

瓦伦提尼安和瓦伦思分管罗马帝国西部和东部，罗马帝国东西分治开始。

古印度

约公元320—540年

旃陀罗笈多一世建立笈多王朝，统

曹。由此，孙刘联军与曹操在赤壁展开了一场大对决。

在赤壁之战中，孙刘联军采用火攻战术，让曹操大军遭受到极大损失。曹操本想一战平定江南地区，却不想遭遇重挫。赤壁之战后，刘备依诸葛亮之计，平定荆南四郡，天下三分之势基本形成。

◎ 魏武帝曹操

公元 220 年，曹丕以禅让方式代汉称帝，定国号为"魏"，建都洛阳，史称"曹魏"。

在曹丕称帝后，曹魏政权大体控制北方，东南与东吴对峙于长江淮河一带及汉江长江一带，西南方则与蜀汉对峙于秦岭、河西一带。

公元 221 年，刘备为兴复汉室，在成都称帝，依然沿用"汉"国号，史称"蜀汉"。

在赤壁之战后，蜀汉从荆州南部开始发展，一度据有荆州大部、益州和汉中。此后，在与东吴交战中失去荆州，但在平定南中之后稳定了后方。

公元 229 年，孙权在武昌称帝，定国号为"吴"，史称"东吴"。

在赤壁之战后，东吴陆续获得了荆州西部、交州和整个荆州南部。一直到孙权称帝时，东吴的疆域才最终稳定下来。

在魏、蜀、吴建立后，三国鼎立局面正式形成。在此后一段时间中，诸葛亮、姜维曾多次率军北伐曹魏，却依然没有改变三国鼎立的格局。

晋代曹魏

公元 249 年，曹魏发生高平陵之变，司马懿发动政变，掌握了曹魏大权。由此，司马氏开始逐步蚕食曹魏政权，为司马炎以晋代魏做好了铺垫。

司马懿经历三代托孤辅政，培养了众多自己的支持者。在清除曹爽兄弟之后，成功掌控了曹魏的政权。在其死后，大儿子司马师继承了父亲的权位。司马师在击败反抗的毌丘俭、文钦的回师途中病逝，由司马昭继承其权位。

在司马氏掌控曹魏政权后，首要目标就是兵分三路征讨蜀汉。虽然蜀汉大将军姜维在前线竭力抵抗，但邓艾却迂回入蜀，进军成都。刘禅投降后，蜀汉灭亡。由此，三分天下的形势被打破，由司马氏掌权的曹魏开始统一全国。

在征灭蜀汉之后，司马昭之子司马炎逼迫曹奂禅让称帝，建立晋朝，曹魏也宣告灭亡。公元 279 年，司马炎发动晋灭吴之战，由于准备充分、战略得当，晋军仅用四个月时间便攻灭吴国。由此三国鼎立宣告灭亡，司马炎建立的晋朝完成了一统天下的大业，从而结束了自东汉末年以来的分裂局面。

一了北印度。极盛时期疆域包括印度北部、中部和西部部分地区。

西欧

公元481—751年

法兰克王国第一王朝墨洛温王朝建立，其疆域覆盖今天大部分的法国和德国西部。

东亚

公元4世纪

辰韩斯卢部在朝鲜半岛东南部建立新罗政权，并逐步向东向北开始扩张。

公元4世纪—5世纪

公元 4 世纪中叶，日本实现统一。在不断发展过程中，势力一度扩张到朝鲜半岛南部。

西晋灭亡与分裂割据

东汉末年到西晋建立这段时间，中华大地征伐不断。当各方势力在大地上肆意征战时，北部和西部地区的一些少数民族开始纷纷内迁。

在众多内迁的少数民族中，人数较多的主要是匈奴、羯、鲜卑、氐、羌等族。

生活在西北地区的氐族和羌族，由西向东迁入陕西关中地区；生活在北方草原上的匈奴族和羯族，则由北向南迁入山西一带；鲜卑族中的一部分迁到了辽宁，另一部分则迁到了陕西及河套地区。

这些少数民族在内迁之前多以游牧为生，在内迁后则多像汉族从事农业生产，过上了定居生活。由此，文化间开始相互影响、渗透和融合。

◎ 游牧骑兵

各族内迁之后也受到压迫与奴役。在西晋朝廷忙于内乱时，各地流民纷纷起义，各族上层分子趁机起兵反晋，建立割据政权，史称"十六国"。

永嘉之乱

西晋的帝王们刚刚结束三国的乱世，还没过上几天安稳日子，就又将自己的王朝带入同样的混乱之中。跟三国时期相比，西晋末期的混乱要有过之而无不及。

西晋的混乱起于"八王之乱"，而其历史背景则可以追溯至西晋开国之初。晋武帝司马炎为了打造一个可以维护皇室的皇族势力，在西晋建立之初便大封同宗子弟为王。

在晋武帝司马炎去世后，西晋皇室掀起了争权内斗的风潮，先后有八位宗室王参与到王位争夺中，西晋就此混乱。

经过了十六年的皇室内斗，东海王司马越最终掌握了朝政大权，成为"八王之乱"的最终胜利者。但这时候到他手中的西晋朝廷已经完全是一个"烂摊子"，不仅中央集权大为衰落，全国各

世界同期历史

东亚

约公元4世纪中叶

日本奴隶制国家大和国实现统一，其统治中心主要集中在关西近畿大和地方一带。

古罗马

公元410年

西哥特人阿拉里克率兵攻下罗马城。罗马城被洗劫三天三夜，最终陷入一片混乱之中，几乎变成一座空城。

公元455年

在攻陷迦太基城，建立汪达尔王国后，汪达尔人最后是渡海攻陷罗马，并大肆洗劫半月之久。

公元476年

西罗马皇帝罗慕路斯被废黜，西罗马帝国灭亡。

公元534—535年

查世丁尼一世派贝利萨留灭亡汪达

地也呈现出一片衰败景象。

让西晋更为头疼的是，正当其皇室内部忙着争权夺利时，内迁的各少数民族纷纷发展壮大，趁着朝廷内乱，他们也抓紧瓜分土地，建立自己的割据政权。

在这一时期的众多少数民族政权中，刘渊创立的汉政权的实力较强，曾先后与西晋交手数次，最终成功进抵洛阳，攻破长安，晋愍帝被俘，西晋灭亡。

后世将西晋后期、匈奴军攻破晋都、灭亡西晋这起事件称为"永嘉之乱"。"永嘉之乱"后，晋统治集团及大批士人百姓南迁，东晋由此建立。此时的北方则进入"十六国"时期。

"十六国"

"十六国"的历史从公元304年刘渊建立汉赵，到公元439年北魏太武帝拓跋焘灭北凉为止。

这一时期无论是政权并立数量，还是政权更替速度，都算得上是中国历史之最。在这种大分裂大混乱时期，对寻常百姓来说也是最艰难困苦的。

在"永嘉之乱"后，南方地区由东晋控制。北方和巴蜀地区则先后建立了

◎ 迦太基城

二十多个割据政权，实力较为强盛的主要有成汉、前赵、后赵、前凉、北凉、西凉、后凉、南凉、前燕、后燕、南燕、北燕、夏、前秦、西秦、后秦等十六个政权。

在上述政权中，后赵、前燕和前秦都曾占据过北方大部疆域。尤其是前秦，在苻坚的率领下，还曾一度统一北方，但在南征东晋时，于淝水之战遭遇惨败。在前秦衰弱后，北方地区进一步陷入混乱之中。

"十六国"时期虽然征伐战乱不断，但各方为了增强实力，推出了一系列发展生产的政策。这些政策在一定程度上促进了北方各族人民的融合。

尔-阿兰王国，并发动对东哥特人的第一次战争。

亚洲、欧洲

公元5世纪末—6世纪中叶

公元453年阿提拉死后，东哥特人乘机兴起。公元488年，东哥特王狄奥多里克出兵意大利。公元493年，狄奥多里克建立东哥特王国，疆域包括意大利半岛、西西里岛和达尔马提亚一部分。

◎《哥特人占据罗马》

121

江南地区的开发

"永嘉之乱"后，晋统治阶层南迁，在建康建立东晋。与统治阶层一同迁往江南地区的，除了那些氏族名流外，还有许多普通百姓和手工业者。

大量人口迁移到南方，除了给江南地区带来充足的劳动力，还为这里带来了先进的生产技术和不同的生活方式。在我国历史上第一次大规模人口迁移浪潮中，江南地区的经济得到迅速发展，从而为我国的经济重心南移奠定了坚实基础。

江南农业开发

从秦汉时期开始，我国南北方的经济发展就很不平衡。当时中国经济的中心主要集中在黄河流域，江南地区因为人口较少，农业生产也较为落后。

但从西晋末年开始，大批北方百姓为躲避战乱举家迁徙到南方。到了东晋后期，长江中下游已经遍布南迁的流民，一些百姓在今江苏一带安家定居。其他百姓继续南下，进入今浙江、福建、广东等地。

大量南迁流民除了为南方带来庞大劳动力外，还带来了许多先进的生产技术。初到南方的百姓在过上稳定生活后，纷纷开始努力耕作，江南地区的开发正是他们用辛勤的汗水浇灌出来的。

江南农业开发的首要表现是大量荒地被开垦出来，农耕较发达的地区从江南逐渐扩展到了整个长江流域，进而又扩展到岭南地区和闽江流域。太湖流域、洞庭湖流域、鄱阳湖流域和成都平原的农业发展显著。

耕作技术、施肥技术的改良和进步是江南农业开发的主要推动因素。铁制农具和牛耕在江南得到推广，精耕细作、选种育种等生产技术进一步提高了耕作效率。

与江南地区相比，我国北方农业遭到一定的破坏，黄河流域农耕规模缩小，畜牧业有所发展。但伴随着各民族间不断融合，内迁的少数民族的生产、生活方式发生较大改变，许多新技术、新农具在北方得到推广。因此，在北魏孝文帝改革后，我国北方农业也得到了较大发展。

江南手工业开发

魏晋南北朝时期大量北方百姓南迁，除了为南方带来先进的农业技术外，还为南方带来了许多先进的手工业技术。

魏晋南北朝时期江南的手工业形成了诸多门类，从炼钢、养蚕、纺织到制瓷、造纸等行业一应俱全。在先进技术的推动下，这些手工业生产的产品除了产量有所提高，质量也出现了明显上升。

纺织业在两汉时期就已经颇为兴盛。三国时期东吴培育出了"八辈之蚕"，提高了蚕丝的质量；蜀国盛产的蜀锦远销全国各地。到了魏晋南北朝时期，我国江南地区的纺织业得到了进一步发展，荆州、扬州"丝绵布帛之饶，覆衣天下"。

冶炼业得益于技术进步，也取得了较大发展。早在三国时期，"百炼钢"技术便已臻成熟。到了魏晋南北朝时期，则出现了更为先进的灌钢法。

世界同期历史

古罗马

公元265—476年

西罗马帝国通货膨胀加剧，经济发展缓慢。经济上的问题长时间无法得到解决，最终导致了西罗马帝国的崩溃。

公元395—476年

东罗马帝国较少遭到外部入侵破坏，经济社会稳定发展，为此后进入黄金时代打下了坚实基础。

西亚

公元224—651年

萨珊王朝使用一种又宽又薄的钱币，正面为皇帝的半身像，背面为祭坛，坛边有两位祭司。1970年，在甘肃张掖大佛寺曾出土过六枚萨珊王朝的银币。

古印度

约公元320—540年

笈多王朝农业和手工业发达，并与东亚及东南亚诸国展开贸易，主要对外在制瓷方面，魏晋时期南方各地盛产青瓷，其中尤以三吴地区为盛。在南北朝时期，南方的青瓷技术开始传播到北方，北方开始出现青瓷和白瓷并盛的局面。这一时期制瓷业的发展，为唐宋时期我国制瓷业发展奠定了坚实基础。

商业城市的发展

魏晋南北朝时期，北方地区长期战乱，社会动荡不安，城市也多遭破坏。长安、洛阳等大城市经过战火后几经衰落，原本兴盛的商业贸易也多有萎缩。在北魏迁都之后，北方的商品经济才再次发展起来。

相比于北方，这一时期南方地区的城市和商业发展要好一些。由于长期处于分裂局面，这一时期形成了相对完善的区域性市场。在这种区域性市场的基础上，全局范围内形成了一个较为完善的大市场。相比于统一基础上的大市场，这一时期各个区域市场之间更多依靠一种类似于对外贸易的方式产生联结。

《隋书·食货志》记载："晋自过江……历宋、齐、梁、陈……人竞商贩，不为田业。"东晋南朝时期许多务农者转去经商，足以表现出这一时期南方商业的繁盛。

除了百姓经商，这一时期官僚经商也颇为频繁。刘宋少帝刘义符就曾"于华

◎ 晋代瓷器

林园为列肆，亲自酤卖"，刘宋孝武帝诸子"皆置邸舍，逐什一之利"。

由上可见，魏晋南北朝时期，各个阶层都有向商人阶层转化的现象。由于其自身本来的地位不同，所以在向商人转化后，拥有的资本和赚取的利润也是不同的，由此导致这一时期出现了大商巨贾、中等商人、小商小贩等不同特征的商人。

商业的繁盛自然带来城市的发展，这一时期南方地区形成了一些商业性城市。在秦汉时期，江南等地区的商业都会只有江陵、吴、合肥、番禺、寿春和成都。但到了魏晋南北朝时期，江南地区的商业性城市开始呈区域性出现：以建康为中心的扬州地区，以江陵为中心的荆楚地区，以成都为中心的巴蜀地区。这些相互独立的经济区域之中，形成了许许多多的商业城市。这些商业城市间的贸易往来则构成了一个统一的市场。

魏晋南北朝时期对南方地区的开发，为此后我国南方经济发展奠定了基础，同时也为我国经济中心向南转移提供了条件。到了北宋时期，南方的商品经济依然在持续发展，伴随着北宋灭亡和宋室南渡，我国的经济重心最终转移到了南方。

输出棉花、谷物、细布及香料。

东亚

公元4世纪末

日本大和国实行部民制。部是由皇室和贵族占有的奴隶集体。部民可以转让，不能买卖，拥有自己的家庭，地位要比奴婢高。

西欧

公元5世纪—6世纪

欧洲领主制和农奴制逐渐形成。小农或无地者出卖土地或自由来换取大地主的保护，农民由此逐渐成为依附在土地上的农奴。

魏晋时期的科技发展

　　魏晋南北朝时期虽然只有西晋曾短暂统一，其他大部分时间都处于分裂状态，但这一时期的科学技术发展却并没有受到多少干扰。在秦汉时期的基础上，这一时期涌现出了许多杰出的科学家和技术发明。

贾思勰和《齐民要术》

　　《齐民要术》是世界农学史上最早的名著之一，全书共 10 卷 92 篇 11 万字。

　　书中不仅总结了我国北方农业生产的技术成就，同时还介绍了不少选种施肥、林木栽培、禽畜养殖的经验和方法。其内容之丰富，正如其序言所说"起自耕农，终于醯醢，资生之业，靡不毕书"。

　　在北宋时期，《齐民要术》成为我国农业生产的指导书目，几经传抄刊印，

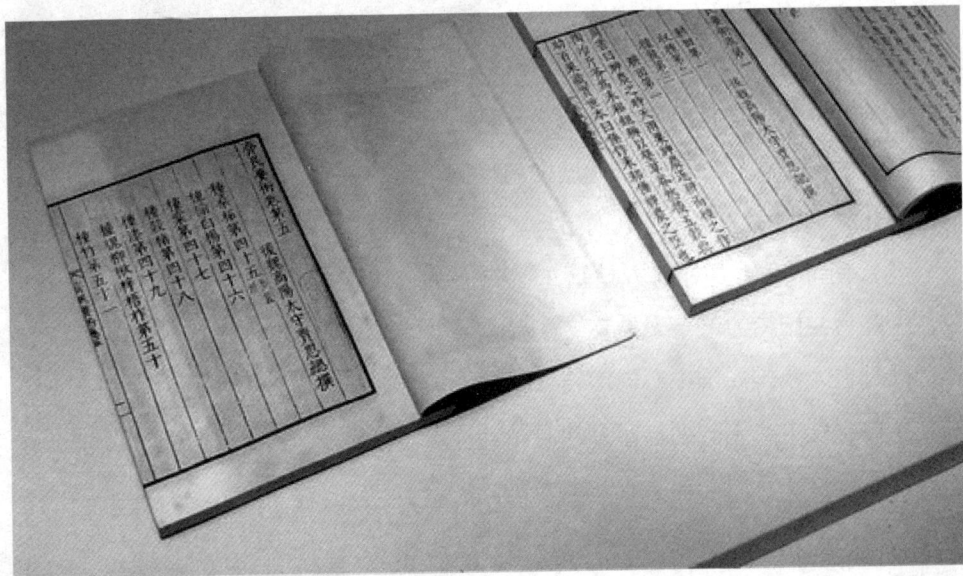

◎《齐民要术》

世界同期历史

现已在世界上许多国家出版。其对当世和后世农业生产产生了重要影响，是我国农学史的光辉一页。

祖冲之与《大明历》

大多数人对祖冲之的认识多局限在其是第一个将"圆周率"精算到小数点后第七位的人。但实际上，翻开祖冲之的履历可以发现，其在自然科学研究方

古罗马

约公元347—419年

倡导隐修的哲罗姆完成了中世纪西欧通用的拉丁文《圣经》译本。他博览宗教群书，几乎走遍了整个罗马帝国。他对《圣经》的注释和人文主义思想，以及对古希腊思想的介绍也对后世产生巨大影响。

◎ 日文版《齐民要术》

面可谓是成果颇丰。

在数学方面，祖冲之以刘徽的割圆术为基础，去探求更为精确的圆周率数值，最终确定圆周率应该在 3.1415926 和 3.1415927 之间。

祖冲之也因此成为世界上第一个将圆周率的准确数值计算到小数点后七位数字的人。

除了圆周率外，祖冲之还写过五卷《缀术》。在这部著作中，祖冲之提到了"开差幂"和"开差立"的问题。其理论深奥，计算精密，即使是当世学问很高的学者也不容易理解它。

在天文历法方面，祖冲之吸收了前人的理论，提出了 391 年中置 144 个闰月的新闰法，还引入了岁差（每年太阳运行一周，不可能完全回到上一年的冬至点上，总要相差一个微小距离）。同时，他还首次提出月亮相继两次通过黄道、白道的同一交点的时间"交点月"的时长为 27.2123 日。这对于推算日食、月食发生时间具有重要意义。

祖冲之的这些天文学发现都被其整理编撰进了《大明历》中。一直到南宋时期的《统天历》时，人们才使用了比《大明历》更为精确的天文数据。

在机械制造方面，祖冲之同样在前人研究的基础上，设计制造出了水碓磨、铜制机件的指南车和千里船等。

除了在自然科学方面的成就外，祖冲之还精通乐理，颇懂音律；在文学方面也著述颇丰，有《述异记》等著作。

《禹贡地域图》与《水经注》

魏晋时期，在地理方面出现了《禹贡地域图》和《水经注》两部地理学名著。

《禹贡地域图》是我国西晋地理学家裴秀主持绘制的，以历代区域沿革为主体的历史地图集。该图集虽然现已失传，但其序言中的地图学理论"制图六体"却完整地保存了下来。

"制图六体"主要包括分率、准望、道里、高下、方邪、迂直等六方面内容，也就是地图绘制上的比例尺、方位、距离等具体原则。这些内容不仅成为当时地图绘制的基本准则，也成为我国古代地图学技术的基本准则，影响极为深远。

《水经注》由北魏晚期的郦道元编著，因注《水经》而得名，但实际是以《水经》为纲详细记载了一千多条大小河流，以及相关的神话传说、人物典故和历史遗迹，是我国古代最为全面、最为系统的综合性地理著作。

魏晋南北朝时期虽然混乱动荡，但在科技研究领域却并没有出现停滞不前的现象。相反，各方为了增强自身实力，对于科技研究给予了足够重视，这也成为这一时期科学技术发展的一个主要原因。

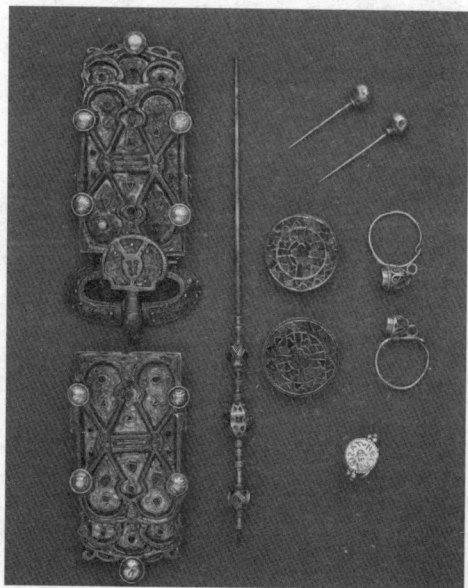

◎ 墨洛温王朝器物

公元354—430年

古罗马帝国时期基督教神学家奥古斯丁生于北非，从理论上为基督教确立了宗教世界观和人生观。

其代表作《忏悔录》以自传体的形式讲述了自己皈依基督教的故事，《上帝之城》则把神学观点应用到史学领域。

公元480—524年

波爱修是一位百科全书式的思想家，广泛涉猎逻辑学、哲学、神学、数学和文学等诸多领域，被称为“最后一位罗马哲学家”，其代表作为《哲学的慰藉》。

欧洲

公元575—591年

格雷戈里撰写《法兰克人史》，主要描述墨洛温王朝初代国王克洛维死后，其子孙间相互斗争的历史，是了解6世纪法兰克王国的重要史料。

承上启下的魏晋南北朝文化

魏晋南北朝时期的文化上承秦汉，下启隋唐，其特定的时代条件决定了这一时期的文化特征。

魏晋南北朝时期是我国古代书法、绘画、雕塑、文学等艺术大放光彩的时期，在涌现出众多艺术大师的同时，也出现了许多举世闻名的艺术作品。

魏晋南北朝的书法艺术

东汉末年，书法作为一种艺术形式登上了历史舞台，当时较为有名的书法家是蔡文姬的父亲蔡邕。

汉朝时期主要通行隶书字体。到了曹魏时期，钟繇开始把字体从隶书改为楷书，草书也在这一时期盛行起来。东晋时期，王羲之深入研究了各家书法之所长，将自己的感悟加入其中，让自己的书法造诣达到了一种无人能够企及的高峰，即所谓"变古制"。

王羲之能够被称为"书圣"，成为我国书法艺术史上划时代的人物，主要原因就在于能"变古制，开书法新派"。

王羲之的创新不仅表现在真书（即楷书）、草书上，他更让行书大放光彩。其代表作为《兰亭序》，被誉为"天下第一行书"。

北朝的书法主要以北碑最为著名，在北碑之中魏碑占有重要的地位。其承继汉朝隶书笔法，书体风格独特，字形紧密厚重，是北朝书法的杰出代表。主要代表有穆子容的《修太公吕望祠碑》、萧显庆的《孙秋生造像》等。

魏晋南北朝的绘画艺术

与书法艺术一样，魏晋南北朝的绘画艺术同样承接于汉朝，但与汉朝绘画又有显著不同。

汉朝时期，绘画技能多掌握在宫廷人士手中，鲜有民间绘画出现，宫廷绘画多是为了歌功颂德。魏晋南北朝时期，绘画才正式走出宫廷。

这一时期涌现出了许多绘画名家和绘画类型，山水画、花鸟画、人物画都出现了新的特征。佛教的兴盛以及石窟的开凿，使得这个时代的壁画也取得了较大发展。

东晋时期的绘画艺术得到了进一步发展。顾恺之提出只有通过对实际事物的观察和体验，才能"迁想妙得"。这一绘画理论对后世绘画艺术产生了深远影响。

顾恺之擅画人物和山水，其具有代表性的人物画有《女史箴图》和《洛神赋图》，山水画有《雪霁望五老峰图》和《庐山图》。此外，顾恺之在江宁瓦官寺创作了《维摩诘像》壁画，光彩耀目，轰动一时。

北朝的绘画艺术发展要相对较晚，绘画艺术的代表作品主要是那些保存至今的石窟壁画，其中有敦煌莫高窟壁画、新疆克孜尔千佛洞壁画和天水麦积山石窟壁画等。这些壁画讲述的多是佛和菩萨以及佛教故事。

世界同期历史

古罗马

公元330年

君士坦丁大帝改建古城拜占庭，并以自己的名字命名为"君士坦丁堡"。后来，这座城市成为全欧洲规模最大也最为繁荣的城市。

意大利半岛

公元529年

本尼狄克在意大利中部卡西诺山建立修道院，并撰写《修道规章》，规定了修道生活和修道院管理的一些内容。

拜占庭

公元532年

查世丁尼一世下令修建圣索菲亚大教堂。耗时六年兴建完成的大教堂气势宏伟，巨大圆顶高60米，曾经一度是世界上最大的教堂，后为博物馆。

美洲

公元400—600年

特奥蒂华坎城进入全盛时期，其文

魏晋南北朝时期的石窟艺术

我国最早的石窟出现在新疆地区，最早可追溯到东汉末年。

云冈石窟开凿于北魏文成帝和平元年，其石窟造像高大挺拔，有"雕饰奇伟，冠于一世"的美誉。

大同云冈石窟和洛阳龙门石窟由于石质较好，更适合进行雕刻，所以我们可以在其中看到许多大大小小的雕像。而此后的敦煌莫高窟，因为建在崖壁上，石质较为松脆，并不适于雕刻，所以其中多是一些塑像和大型的壁画作品。

魏晋南北朝时期的文学

魏晋南北朝时期，社会的剧变对文学发展产生了重要影响。从建安文学开始，我国文学发展走上了革新的道路。魏晋时期的文学作品一改两汉歌功颂德的文风，开始迎来了个性解放的时代。

三国时期，在曹操父子和建安文人的共同努力下，我国文学发展翻开了新的篇章。

《孔雀东南飞》是建安诗文中的优秀代表，控诉了封建礼教的残酷无情。这与汉末时期思想界的思想交锋是一脉相承的。

晋朝初年，以阮籍、嵇康为首的"竹林七贤"的作品基本继承了建安文学的精神。不同之处在于，他们在作品中更多运用比兴、象征等手法来隐晦地表达自己的思想感情，而不像建安文人那样直抒胸臆。

在南北朝时期，伴随着江南经济开发和商业发展，文学在南朝再一次获得较大发展。五言诗已经基本完全成熟，新的文学内容也不断涌现。

这一时期的文学大家以陶渊明和谢灵运为代表。陶渊明的诗作多以田园诗为主，看上去是渴求田园生活，追求安逸隐居的乐趣。

谢灵运作为元嘉时期的代表文人，开创了山水诗派。这与东晋画家顾恺之开创的山水画是相得益彰。谢灵运所作的游览诗、行旅诗数量较多，其中多有对山水的描述，无论在质量还是数量上都超越了前代。

一个时期的文化是当时政治经济状况的反映，魏晋南北朝时期的社会动荡让百姓流离失所、苦难连连，同时也极大影响了当时人们的思想意识。

　　思想的转变推动了文化的发展，文化的发展进一步让更多人的思想得到了解放。魏晋南北朝时期的文化承担起了承上启下的作用，是我国传统文化发展的重要阶段。

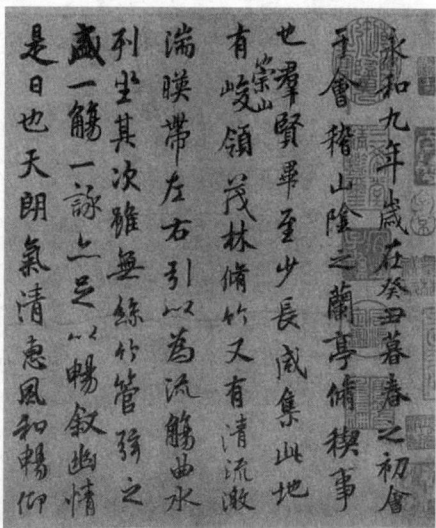

◎《兰亭集序》

化影响范围很大。这座城市中有著名的太阳金字塔、月亮金字塔和纵贯南北的"亡者大道"，拥有"诸神之城"的美称。

古印度

约公元320—540年

　　笈多王朝后期的数学及天文学家亚利雅巴达计算出圆周率至小数后四位。在一些笈多王朝的遗址中，也出土了包括不定方程、不尽根迫近等算术问题的手稿。

西亚

公元224—651年

　　萨珊王朝重建安息旧都泰西封城，其建筑艺术以巍峨的王宫著称，各类建筑墙面都有雕刻图案的灰泥或镶嵌物做装饰。

◎《洛神赋图》

|第五章|
繁荣与开放的社会

　　结束了魏晋南北朝的分裂，中国社会又迎来了全新的大一统时期。在隋唐时期，中国的经济、社会和文化全面发展，其繁荣和强大程度超过秦汉。作为中国历史上最为辉煌的时期，大唐盛世的影响跨出国门，影响到了更遥远的地区。学习和了解隋唐时期的历史文化，有利于我们更好地了解那个繁荣与开放的社会。

繁荣一时的隋朝

作为中国历史上又一个大一统王朝，隋朝建立不仅结束了魏晋南北朝的分裂局面，更开创了中华灿烂文明的新开端。

隋灭陈，统天下

在北周统一北方之后，到周宣帝逝世，北周的军政大权落入了外戚杨坚的手中。在经历了一系列铲除异己的权力争斗后，杨坚从北周静帝手中得到了皇位，隋朝由此建立。

公元 588 年，隋朝兵分八路南下攻陈。陈后主自恃有长江天险，并没有召集军队展开抵抗。隋朝大军顺利渡过长江，直奔建康。到了这时，陈后主再想组织军队防御，却为时已晚。隋朝军队攻入建康，俘虏了大批陈的官员，陈后主也沦为了阶下囚。

隋炀帝继位

隋文帝完成了统一全国的伟业，此后，他开始大力改革制度，发展生产。经过了多年的建设，隋朝的经济水平得到显著提升，人口也出现了大幅度增长。

厉行节俭的隋文帝将隋朝从百废待兴建设成了强大统一的王朝。

公元 604 年，隋炀帝杨广即位。在隋炀帝统治前期，得益于开皇之治，隋朝的国力颇为鼎盛。为此，隋炀帝开始营建东都洛阳，开凿大运河，修筑长城和驰道，并对边疆展开征伐。

在多方举措共同作用下，隋朝的国力达到鼎盛，疆域广大。但同时，这些劳民伤财的举措也激化了社会矛盾，将隋朝拖入衰败灭亡的漩涡之中。

大运河的开凿沟通了隋朝南北交通，大大促进了我国南北经济的交流，对其后我国经济发展也具有重要意义。但隋炀帝为了加强自己的统治，经常利用大运河展开巡游，华丽的龙舟、沿途的护卫和无数拉纤的民工，如此劳民伤财的举动

世界同期历史

◎ 戒日王时期钱币

◎ 查士丁尼一世

欧洲

公元567—613年

　　查理贝尔特一世死后，墨洛温王朝的另外两位国王西格伯特一世和希尔佩里克一世展开内战。这场内战持续了近四十年。即使两位国王死后，其后代子嗣间也依然进行着战争。公元613年，复由克洛塔尔二世统一法兰克王国。

古印度

公元540—606年

　　笈多王朝灭亡后，北印度再次陷入政治分裂之中。公元606年，戒日王即位，北印度表面统一。

古罗马

约公元565—610年

　　查士丁尼一世去世后，拜占庭帝国开始走向衰落，意大利北部和巴尔干半岛大部被外敌占领，内部则发生了百夫长福卡斯暴动。

　　福卡斯推翻了莫里斯皇帝的统治，却遭到帝国元老院和贵族的反对，为期严重激化了当时的社会矛盾。

隋文帝时期虽然国家统一，但在北部和东北区域依然战乱不断。为了解决问题，隋文帝派 30 万大军征讨高句丽。最后，高句丽遣使谢罪。

到了隋炀帝时期，这一次，隋炀帝打算一举讨平高句丽，但经过了三次大规模讨伐作战后，不仅高句丽没有灭掉，杨广自己却在农民起义的浪潮中先行陨落了。

隋末农民起义

隋炀帝的暴政让大隋百姓苦不堪言，人祸之外，天灾也不断降临。百般痛苦的百姓们为了寻求生计，只得揭竿而起，推翻暴政。

公元 611 年，农民起义首先在山东爆发，随后全国各地农民纷纷响应。一时间，星星之火发展为燎原之势，焚尽了大隋的锦绣河山。

在隋末农民起义中，翟让和李密率领的瓦岗军是实力较强的一支。在率兵攻打兴洛仓后，瓦岗军开仓放粮，受到了百姓的拥戴。

随后，李密开始广造声势，号召天下共同反抗隋炀帝的暴政。

一时间，河北的窦建德、江淮的杜伏威等纷纷揭竿而起，隋朝真正走到了灭亡的边缘。

隋朝灭亡

农民起义对隋朝的统治造成沉重打击，但真正取代隋朝建立政权的却并不是农民起义军，而是隋朝贵族李渊。

李渊于晋阳起兵，趁着隋军主力与瓦岗军大战之机，顺利进入关中，攻克长安。在入主长安后，李渊并没有自己

◎ 隋炀帝

称帝，而是拥立隋炀帝的孙子代王杨侑为帝，加封自己为唐王。

公元 618 年，江都兵变，隋炀帝为宇文化及所杀。李渊借此机会逼迫隋恭帝禅位于自己。李渊登上帝位，大隋王朝也正式宣告终结。

8 年的血腥内战由此开始。东罗马帝国继续衰落。

西亚

公元602—628年

萨珊王朝库思鲁二世趁拜占庭帝国皇帝莫里斯一世被杀之机，起兵进攻拜占庭，一度占领了耶路撒冷和埃及。

由于战略失误、大将叛变，于尼尼微战役后被拜占庭帝国打败，公元 628 年，库思鲁二世被发动政变的军事贵族杀死。

◎ 尼尼微战役浮雕

隋文帝的改革

隋朝的历史虽然相对短暂，但其却成为上承分裂混乱的南北朝，下启繁荣一统的唐朝的一个重要朝代。

开皇之治

隋文帝杨坚在建立隋朝后，在政治、经济、军事等方面进行了一系改革，改变了魏晋南北朝时期的混乱局面，创造出了一个社会安定、经济富足、文化繁荣的社会。

隋文帝改革后，隋朝人口显著增加，经济往来更为繁荣，国库充实，边患减少。整个社会都呈现出一种繁荣安定的景象，后世将这段时期称为"开皇之治"。

隋文帝的改革涉及方方面面，其中很多举措不仅维护了自身统治的稳定，也成为后世王朝仿效的对象。

政治方面的改革

在政治方面，隋文帝改革的重点主要是中央官僚制度、土地制度和法律等内容。

在中央官僚制度上，隋文帝首创了三省六部制。参照前代的政治体制，隋朝在中央设立了三师、三公、五省、六部、二台、

◎ 隋文帝

世界同期历史

九寺、十二府。

三省之间既可以互相牵制，也能够一同限制丞相的权力，可以显著地加强中央集权的统治。

在地方上，隋文帝简化了地方行政组织，将过去的州、郡、县三级制改为州、县二级制，同时还合并了一些郡县，极大地减少了人力及物力的浪费。

在法律制度上，隋文帝命刑部和礼部制定了《开皇律》，废除了一些严刑峻法。相比于秦律来讲，开皇律要开明许多。

古印度

公元606—647年

戒日王统一北印度，建立戒日王朝。玄奘西游期间，受到了戒日王的友好礼遇。

戒日王统治时期，对教俗大贵族封赐大量土地，使得婆罗门祭司、佛教寺院和印度教神庙都获得大量土地，成为大土地所有者。

◎ 法兰克王国货币

经济方面的改革

隋文帝在经济方面的改革主要以稳定民生，增加国家赋税收入为主。

一方面通过推行大索貌阅、输籍法，来清查全国人口，改变魏晋南北朝时"户籍不清，税收不稳"的情况。

另一方面则是通过多次减免赋税和推迟服役年龄的举措，来调动农民的生产积极性，促进农业生产的发展。

在推动农业发展方面，隋文帝时期兴修了许多水利工程，广通渠正是这个时期开通的。水利工程的兴建不仅促进了农业生产的发展，同时还带动了水运贸易的繁荣。隋炀帝开凿大运河虽然劳民伤财，但在促进农业生产和贸易发展方面也是具有一定积极意义的。

为了统一度量衡，隋文帝废除了各种古币和私人铸造的钱币，统一使用五铢钱。这也在一定程度上增加了国库的收入，进一步推动了隋朝经济的发展。

军事、文化方面的改革

在军事方面，隋文帝改革了府兵制，规定三年一拣点以补充缺额。通过兵散于府、将归于朝的方式，来有效防止将帅拥兵自重。

在文化方面，隋文帝曾下诏求天下之书，献书一卷赏绢一匹。这一举措使得隋朝成为中国历代藏书最多的王朝，同时也对保护古籍，传承中华传统文化起到了重要的作用。

在选官制度上，隋文帝废除了已经实行 300 多年的九品中正制，创立了科举制度。

相比于中国历史上的其他盛世，开皇之治的历史地位要更高一些，即使是大唐的开元盛世，似乎都没有达到开皇之治这样的高度。

据记载，隋朝灭亡 20 年后，也就是唐太宗贞观十一年，隋朝在洛口仓中的粮食和布帛都还没有用完。

在考古发掘中，考古人员发现了隋朝的含嘉仓遗址。这是隋朝的粮仓，其面积达到了 45 万平方米，有 259 个粮窖。在一个粮窖中，考古人员还发现了 50 多万斤的碳化谷子。

开皇之治虽然创造了经济上的盛世，但二世而亡的隋朝却并没有过多地享受盛世带来的成果。

◎ 日本圣德太子

欧洲

公元614年

墨洛温王朝国王克洛塔尔二世成为法兰克王国唯一国王后，颁布《巴黎诏令》。

其中一条内容规定一个地区的伯爵只能在当地贵族中挑选，而不能由国王从王宫委任。这一规定使得地方贵族势力不断膨胀。

东亚

公元574—622年

日本圣德太子成为摄政后，推行改革，学习中国政治制度，并向隋朝派遣使者。

西亚

公元619—622年

在占领整个埃及后，萨珊王朝的人口及版图达到鼎盛。但很快，这种盛世景象便转瞬即逝，外强中干的萨珊王朝也逐渐走向衰亡。

贞观之治

　　在李渊建唐灭隋之后，历史的车轮便来到了盛世大唐。建立唐朝的李渊除了以非常快的速度统一外，在大唐建设方面所做的工作并不多。反而是其子李世民，也就是唐朝的第二位皇帝唐太宗，在位期间大力革新，开创"贞观之治"，将唐朝向繁荣盛世推进了一大步。

　　与开皇之治一样，贞观之治时期，唐太宗改革也是在政治、经济、文化和军事等多个方面共同进行的。

政治方面的改革

　　在政治上，为了稳定隋朝末年的政局动荡，唐太宗选贤任能、整饬吏治、轻刑定律，进一步加强了中央集权统治。

　　在人才选拔方面，唐太宗严格遵循德才兼备的原则，曾先后5次颁布求贤诏令，并增加了一些科举考试的科目，以便让更多有才能的人可以通过科举走上仕途，为国家建设贡献自己的力量。

◎ 唐太宗

　　在政治体制方面，唐太宗延续了隋朝的"三省六部制"，并在隋制的基础上加以完善。唐朝的三省六部制中，"三省"的权力彼此分割：中书省负责发布命令，门下省负责审查命令，尚书省则主要负责执行命令。一个命令从拟定到发出，需要这三省全部通过才行。

世界同期历史

◎ 大化改新的发起者——孝德天皇

除了政治体制的完善，唐太宗还非常注重法治建设。在严格立法的同时，唐太宗十分注重执法的宽简，在制定《贞观律》时，也遵循了这一原则。这一时期不仅全国的犯罪率大为减少，官员的贪污也很少发生。这可以说是唐太宗治国理政值得人们称道的一项政绩。

东亚

公元645—710年

日本大化改新，以唐朝社会政治、经济制度为蓝本，建立起中央集权的天皇政府。大化改新使日本从氏族社会走向中央集权的天皇制国家，成为日本历史发展的重要转折点。

西亚

约公元636—642年

阿拉伯人击败希拉克略的军队，先后占领了叙利亚、巴勒斯坦和埃及。拜占庭帝国失去了这些领地后，希腊化了。

在卡迪西亚战役中，阿拉伯人击败萨珊王朝军队，攻占萨珊首都泰西封。公元642年，又在奈哈万德战役中彻底摧毁萨珊军，决定了萨珊帝国的灭亡。

东南亚

公元7世纪中叶

室利佛逝国（宋称三佛齐王国）取代干陀利国，逐渐发展壮大，并与中国、印度展开贸易往来。

经济方面的改革

在经济方面，唐太宗将工作重心主要放在均田制和轻徭薄赋上面。隋朝末年天下大乱，百姓流离失所。唐太宗继位之初，混乱的经济状态依然没有太大改变。对此，唐太宗大力推行轻徭薄赋、与民休息的基本政策，促进了经济的发展和社会的稳定。

唐太宗深知隋朝灭亡的根源在于隋炀帝的暴政激化了社会矛盾。所以在治国理政时，他很注重满足广大农民的利益。唐太宗爱惜民力，不轻易征发徭役。

隋末唐初，百姓流离失所。唐太宗招抚流民回乡，授田安定民生。唐初关中灾荒，唐太宗注意救灾恤贫。

军事、文化方面的改革

在军事方面，唐太宗继续沿用隋朝的府兵制，取得一系列胜利。公元 630 年，唐太宗遣李靖等平定东突厥，俘获颉利可汗，解除了北边的威胁；公元 635 年，平定吐谷浑；公元 640 年，平定高昌，在交河置安西都护府。

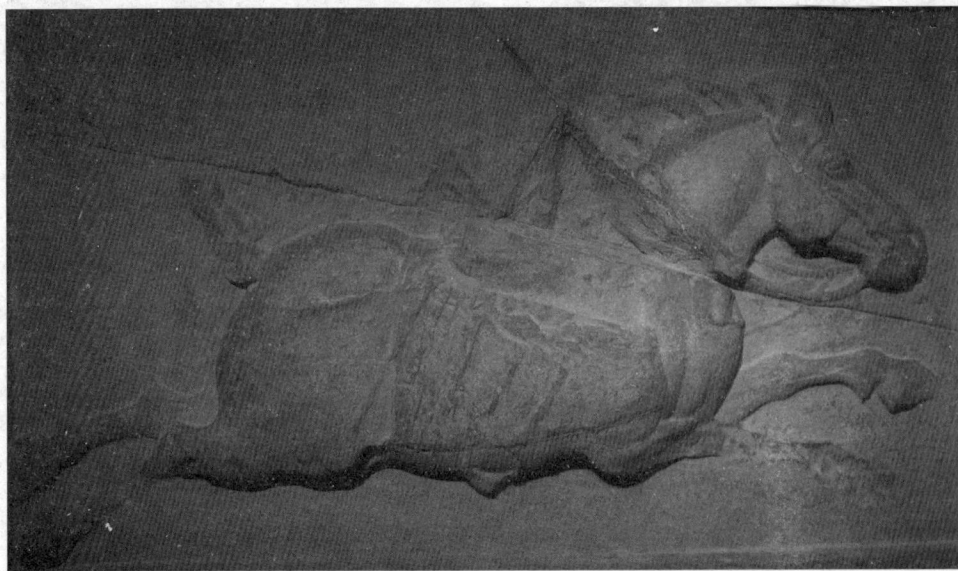

◎ 唐太宗昭陵六俊

唐太宗采取开明的民族政策，平定东突厥后，广泛安置降众，不仅消除了北方的边患也缓和了民族矛盾，因此被尊为"天可汗"。长安城中的各族人民共同生活和劳作的景象，是中国历史上的盛景。

在文化方面，唐太宗曾组织大批士人修撰诸经正义和史籍，同时还在长安设置了国子监，各国人士都前来求学交流。

唐太宗所创造的"贞观之治"奠定了唐王朝289年的基业。其不仅让唐王朝从隋末动乱中走了出来，建立起稳定的中央集权统治，还使百姓安居乐业，经济迅速发展，科技文化不断创新。在这一治世的基础上，唐王朝开始逐渐向巅峰迈进。

古印度

公元620—636年

戒日王开始四处征战，在东征西讨过程中，公元636年后征服孟加拉、包括戈康达在内的奥里萨，建立对摩羯陀的统治。

开元盛世

贞观之治之后，唐王朝逐渐繁荣起来。

太宗李世民驾崩后，唐高宗李治即位，此时皇权开始逐渐偏向外戚一方。经由"废王立武"成为皇后的武则天，令族人紧紧握住了大唐的政权与军权。在高宗驾崩后，武则天势压唐中宗、唐睿宗，以皇太后身份临朝称制，并在690年改朝称帝，国号为"周"。

武则天此人多权略，能用贤，且先后扶持农桑，改革吏治，重视人才。但称帝前后，武则天为保皇权而大肆残害唐朝宗室，晚年又变得豪奢专断，渐生弊政。

以张柬之为首的朝臣趁机发动神龙政变，迫使武则天退位，将皇位传给中宗李显。可李显软弱无能，皇权再次倾向外戚韦氏一族。

危急关头，唐睿宗李旦之子李隆基与太平公主合谋，入宫杀死韦后一党，巩固了大唐李氏皇权。

后李隆基被睿宗册封为太子，于公元712年登基称帝，这便是开创了大唐第二个盛世——开元盛世的唐玄宗。

虽然经历了武周的短暂动荡，但随着唐玄宗即位，唐朝的朝局开始逐渐稳定，政局也变得为之一新。

唐玄宗不仅胆识魄力极佳，且十分精通治国方略。在任用贤能方面，他也丝毫不弱于武则天。著名能臣姚崇、卢怀慎、宋璟、苏颋、张嘉贞和源乾曜，便是在开元初期由唐玄宗亲自挑选的六位宰相。这六位宰相皆通晓治国方略，且办事鞠躬尽瘁，兢兢业业。

唐玄宗自登基后，在政治方面任用贤能，整顿吏治；军事方面改革兵制，稳定边疆；经济方面制定措施，发展农桑；文化方面提倡文教，鼓励人才涌现。下面我们就来看一下开元盛世的具体举措。

世界同期历史

政治方面

第一，精简机构。唐玄宗将武周以来的无用官员一律裁撤，同时限制了进士科的及第人数。一方面减少冗官，另一方面也节省了官吏俸禄支出；

第二，确立严格的考核制度；

第三，重新开放谏官与史官参加宰相会议的制度；

第四，重视县令的任免；

第五，重用贤臣；

第六，抑制食封贵族和压制佛教势力。唐玄宗规定：封家的租调改由朝廷统一征收，由封家在京城或州治领取；针对崇佛过度，下令淘汰不法僧尼，并禁止新造佛寺。

军事方面

第一，兵制改革。由于均田制的破坏，大量农民成为流民，导致这时期的军队战斗力很低。

公元 723 年，唐玄宗接受张说的改革主张，并从关内招募了 12 万军士以作卫士。这便是著名的"长从宿卫"，

西亚

公元661—750年

倭马亚王朝建立，这是阿拉伯帝国的第一个王朝，由叙利亚总督穆阿维叶创建。

7 世纪末时发展至鼎盛，建立了完备的行政制度，疆域西达北非、西班牙，东到波斯、中亚和印度。

公元750年

阿拉伯帝国倭马亚王朝被推翻，阿拔斯王朝建立。中国史书称其为"黑衣大食"。

在阿拔斯王朝第二任哈里发曼苏尔的带领下，营建新都巴格达。该城人口众多、建筑宏伟，是与同时期的长安、君士坦丁堡齐名的国际大都市。这一时期也是阿拔斯王朝发展兴盛的重要阶段。

拜占庭

公元717—741年

利奥三世开创伊苏里亚王朝，其在

又称"长征健儿"。这 12 万人，分属 12 卫，又分为 6 番，轮流上番服役。

至此，士兵渐由征调改为招募，府兵遂为募兵所取代。

第二，边境屯田。除了对兵制进行改革之外，唐玄宗还颁布了《练兵诏》，命令西北的军镇对军队进行扩充，同时加强军士们的训练。

同时，为了解决马匹供应的问题，唐玄宗任命太仆卿王毛仲为内外闲厩使，对军用马匹的供应问题进行全权负责；唐玄宗还令军队在边境扩充屯田范围，尤其是西北和黄河以北地区，其粮食产量大大增加。

第三，节度使区。

武则天后期，突厥、吐蕃、契丹强盛。为应对此局面，到唐玄宗时期，北方逐渐形成平卢、范阳、河东、朔方、陇右、河西、安西四镇、北庭伊西八个节度使区，加上剑南、岭南共十镇。始成为固定军区，节度使威仪极盛。这对当时有利，但也造成外重内轻，酿成安史之乱。

经济方面

第一，生产发展。据杜佑《通典》所记："至（开元）十三年封泰山，米斗至十三文，青齐谷斗至五文。自后天下无贵物，两京米斗不至二十文，面三十二文，绢一疋（匹）二百一十二文。东至宋汴，西至岐州，夹路列店肆待客，酒馔丰溢。每店皆有驴赁客乘，倏忽数十里，谓之驿驴。南诣荆、襄，北至太原、范阳，西至蜀川、凉府，皆有店肆，以供商旅。远适数千里，不持寸刃。"可见唐玄宗执政后，政治的安定为经济发展繁荣奠定基础。

第二，加大耕地面积。唐玄宗时期，全国标注的耕地面积高达 6.6 亿亩。史称："开元、天宝之中，耕者益力，高山绝墅，耒耜亦满。"

第三，提倡节俭。这一时期，唐玄宗生活作风极为节俭，同时还规定三品以下的大臣及后妃以下者，不准佩戴金玉之物，甚至还遣散了宫女，以节省开支。这一举措大改武则天时期的后宫奢靡之风，也大大改善了唐朝的经济情况。

第四，发展农业。开元时期兴修大型水利工程，并致力于提高农耕技术，采用育秧移植水稻，茶叶也在开元时期得到了极大发展，出现了世界上第一部关于茶的专著——《茶经》。

第五，手工业。开元时期的丝织业花色品种多，且技术高超。陶瓷业中，越窑青瓷、邢窑白瓷和唐三彩最出名。在建筑方面，长安城是各民族交往的中心，其建筑形制不但影响了后世王朝，还影响了朝鲜和日本。

文化方面

第一，提倡文教。这一时期，诗赋逐渐发展成进士科主要内容，唐朝的文化事业开始迈向顶峰。

第二，鼓励人才。唐诗最为后世称道，其他音乐、绘画、雕刻、塑造等艺术也无不有显著成就。

第三，整理书籍。开元年间，唐朝的文教事业也有很大发展。这一时期，唐玄宗组织鸿儒硕学，在集贤书院校雠四部图书，同时编订《大唐开元礼》与《大唐六典》，可以说是教化大兴。

在唐玄宗大刀阔斧的改革下，唐朝经济迅速繁荣，最终出现了开元盛世之景。

位期间既广泛开展外交事务，又致力于内政改革。

通过制定法典、整饬吏治和在全国普遍推行军区制等方式，增强了王朝实力，并对后世产生重要影响。

欧洲

公元751年

查理马特之子矮子丕平（丕平三世）获得罗马教皇支持，加洛林家族取代墨洛温家族。墨洛温王朝覆灭，加洛林王朝建立。

意大利半岛

约公元756年

法兰克国王矮子丕平在击败意大利半岛的伦巴第人后，将教皇在意大利的土地返还罗马教廷，"教皇国"由此产生。

唐朝的经济改革

在我国古代王朝中，唐朝由于国力强盛、文化发达、交通便利等原因，商品经济呈现出异常繁荣的景象。这种成就在我国封建社会是难得的，在当时整个世界范围内也是少有的。

均田制

唐高祖在经济方面颁布了均田令，沿用前朝的均田制。此后，在唐玄宗时期，又根据国家形势的变化对均田令进行了两次补充和修订。

在唐朝初期，由于存在大量未开发的荒地，以及有强大的皇权做保障，均田制实行后取得了较为明显的积极效果，并在一定程度上限制了地主豪强的土地兼并行为。

但随着官僚贵族和地主豪强势力不断增长，中央集权统治逐渐衰落，导致均

◎《捣练图》

世界同期历史

田制无法继续有效实行。安史之乱后，唐王朝经济衰退加剧，农民四处流亡，均田制也进一步遭到破坏，最终在唐德宗时期彻底瓦解。

租庸调制

隋朝建立后，在赋税制度上，依然沿用北魏以来的租调制，但在租调数量和服役时间上要相对少一些。隋朝后期改革了租调制度，规定"民年五十，免役收庸"，这可以看作是拉开了"以庸代役"制度的帷幕。

◎《牧马图》

西亚

约公元695年

阿拉伯帝国倭马亚王朝第五任哈里发阿卜杜勒·马利克进行货币改革。

他在大马士革设立中央铸币局，铸造统一规格和价值的金币第纳尔和银币第尔汗。同时还规定穆斯林都要缴纳土地税，地方结余的税收都要上缴国库。

公元786—809年

阿拉伯帝国阿拔斯王朝处于著名的哈里发哈伦·拉西德统治下，呈现出一派繁荣景象。

在经济方面，他指派大法官阿布·优素福制定了一部完整的赋税法，确定国家税收的来源和范围、税收比例以及征税的办法。改"面积制"为"分成制"，规定土地税不再按土地面积征收，而按当年收成好坏确定。

新的赋税改革减轻了农民负担，提高了农民的生产积极性，同时也增加了国家财政收入。

到了唐朝时，租庸调制开始正式登上历史舞台。租庸调制是以均田制的推行为基础的赋役制度。此制规定，凡是均田人户，不论其家授田多少，均按丁交纳定额的赋税并服一定的徭役。百姓要交纳粮食和布匹，并且服徭役，可以用交纳布匹的方式来代役。

唐朝初期的赋税是相对较轻的，可以算得上是真正的轻徭薄赋了。但在开元盛世末期，由于各种原因，唐朝的户籍管理出现较大疏漏。安史之乱后，户籍制度更是遭到严重破坏。

"租庸调制"是建立在均田制和户籍制度基础上的一种制度，因此均田制的破坏也导致了"租庸调制"的崩溃。

两税法

安史之乱对唐王朝造成的打击是多方面的，其中最为根本的就是对唐朝经济发展的破坏。

赋税制度的崩溃让唐王朝无法再获得稳定的财政收入。但想要镇压全国各地纷起的割据战乱，就必须要有足够的财力支持。

公元 780 年，唐德宗采用宰相杨炎的建议，在全国范围内实行"两税法"。杨炎所制定的两税法内容非常丰富，不仅对唐王朝后期造成了重要影响，对后世历朝历代也产生了深远影响。

首先，在税收原则上，两税法变"量入为出"为"量出制入"，即根据国家财政支出的量，来核算两税（户税、地税）征收总额，然后再分摊。这种做法可以有效减少政府部门过度征收赋税，以防无限制地增加人民负担。

其次，在征税对象上，两税法不再区分主户和客户，一律以现居地点定籍。

然后，在征税标准上，两税法采取"计资而税""以贫富为差"的制度，对无地少产的居民较为有利。

最后，两税法还明确了征税时间，简化了纳税手续，可用货币代替实物进行纳税。

作为中国封建社会赋税制度的一次重大变革，两税法在当时无疑是先进的。其对于修复安史之乱造成的创伤具有积极意义，对于延续大唐王朝的江山基业也意义非凡。

但从另一方面来讲，两税法在实施过程中也存在着较多弊端。无论是税外加征，还是配赋不均，都加重了人民的负担。

◎ 唐代钱币

拜占庭

公元802—811年

尼基弗鲁斯一世登上拜占庭帝国皇位后，在不断收复失地的同时，进行了一系列经济改革。

公元807年，他进行了第一次人口普查，大大消除了逃税漏税的现象，同时还取消了部分免税政策。

这些举措进一步增加了拜占庭帝国的财政收入，为拜占庭帝国的复兴打下坚实基础。

科举制的发展

自古代国家建立以来，统治者就制定了形式多样的选官制度。从秦朝的"世卿世禄制"，汉朝的"察举制"，再到魏晋时期的"九品中正制"，似乎每一个朝代都有其特有的官员选拔制度。

科举制的起源

古代的科举制度最早起源于隋朝。隋文帝在统一全国后，为了更好地加强中央集权统治，将选拔官吏的权力收回中央，用科举制替代了九品中正制。到了隋炀帝时期，则开设了进士科，开始通过考试的方法来选拔优秀人才。

但在隋朝时期，科举考试还处在初创阶段。对参与科举考试的权利的限制，与"察举制"更为类似。

科举制的发展

在推翻隋朝统治后，唐王朝继承了许多隋朝的制度，其中就包括科举制这一人才选拔制度。在隋朝科举制的基础上，唐朝的几代皇帝们进一步完善了这一制度。

唐朝的科举考试主要有常科和制科两种。常科每年都会分期举行，主要包括秀才、明经、进士、俊士、明法等五十多种科目。明经和进士是其中较为重要的科目。

制科是为了选拔各种特殊人才而举行的不定期考试。制科只有在皇帝下诏后才举行，具体的科目和考试时间都因需而定。对于参加考试的人选要求也要比常科考试要严格。

武则天在登上帝位后，为了维护自身统治，急需选拔一批真正的贤臣智士来辅佐自己。为此，她对科举制度进行了较大力度的改革。

首先，武则天扩大了科举取士的规模，同时缩短了科举考试的间隔。此前，

世界同期历史

常科考试时间为多年一次，并不固定。在武则天统治时期，常科考试变为每年一次。制科考试的科目也从以前的每次一至二科，变成了七至八科。

其次，为了更好地保证考试公平，防止考官徇私舞弊，在完善科举制度的同时，武则天还开创了殿试。殿试是由皇帝在宫殿中向参与考试的学子们亲发策问的考试。对参与考试的学子来说，可谓是无上之荣誉。

◎ 利奥三世

西欧

公元8世纪

法兰克国王将土地分封与封臣相结合。封君有保护封臣的责任，封臣则要向封君宣誓效忠。由此形成了西欧中世纪的封建采邑制。

拜占庭

公元726年

利奥三世颁布禁止崇拜圣像的诏令，由此展开了破坏圣像运动。实际上，这是利奥三世利用人民不满，所发起的控制教会、没收部分教产充裕国库的斗争。

公元787年

伊琳娜皇太后摄政期间，召开第二次尼西亚会议，讨论敬拜圣像问题。最终、会议肯定了圣像的重要性，但依然没有终止破坏圣像运动。

公元843年

迈克尔三世即位后，皇太后狄奥多

最后，除了殿试外，武则天还开辟了一系列其他的科举取士先河。

为了进一步确保考试的公平，防止考官徇私，在设立殿试的同时，武则天还下诏要求开科取士时要糊住考生的姓名。监考官要严格按照试卷内容的优劣来进行评判。这种方法被认为是我国最早的"密封卷"制度。

此外，为了增强国防实力，保障国家安全，武则天还创设了武举考试，用来选拔精通武艺、拥有将帅才能的人。自唐朝之后，我国历朝历代都开设了武举考试。

在唐玄宗统治时期的一场进士考试中，主考官李昂与考生李权发生冲突。虽然这一事件并不严重，却引发了唐玄宗对科举考试管理方式的一项重大改革：科举考试的管理权由吏部转到礼部，并逐渐成为礼部最为重要的一项职权。

除了改革科举考试的管理权外，唐玄宗还将诗赋作为进士科的主要考试内容，

并在长安和洛阳的宫殿中八次亲自面试科举考试者，让大批能人智士通过科举考试得到重用。

隋唐时期科举制度的产生及发展，彻底改变了国家选拔人才的制度，让更多有才能的人可以通过读书考试进入朝廷，为国家贡献自己的力量。同时，科举制度的出现，还促进了教育和文化艺术事业的发展，让读书考取功名成为当时的社会风气。

拉摄政，颁布了反对破坏圣像的法令。大批圣像破坏者被处死，破坏圣像运动宣告结束。

◎《文苑图》

唐王朝的崩溃

唐玄宗改元天宝之后，极盛的唐王朝逐渐滑向衰亡的深渊，而这一切的开端似乎都指向了安史之乱。

安史之乱

唐玄宗晚期在治国理政方面有所怠惰。他任人唯亲，加剧权臣擅权局面。府兵制的崩溃，为藩镇割据提供了机会。安禄山和史思明的反叛，是这些因素共同作用的必然结果。

公元 755 年，安禄山与史思明一起，以讨伐杨国忠为由，一举攻入东都洛阳。

安史之乱爆发后，来不及反应的唐玄宗只得匆忙逃到蜀地避难。太子李亨遂在灵武称帝，是为唐肃宗。

安史之乱整整持续了八年时间，镇压叛乱后的唐王朝从此开始由盛转衰。中央政权对政治、经济和军事的把控力大幅下降，藩镇割据局面逐渐形成。

藩镇割据

在平叛安史之乱过程中，藩镇势力不断壮大。唐王朝在平定安史之乱过程中元气大伤，无力再去打击逐渐壮大的藩镇势力，只得任由其做大做强。

唐德宗即位后，曾着手削弱藩镇势力，却激起河北藩镇叛乱，进而引发了"泾原兵变"。原本镇压叛乱的军队发生哗变，哗变的士兵在占领长安后大肆破坏。单是制止这次叛乱，就用去了近一年的时间，兵变之后唐德宗无力继续削弱藩镇势力。

在唐德宗之后，唐顺宗、唐宪宗、唐穆宗、唐敬宗也都曾进行过削藩。其中，较有成效的是唐宪宗时期。

公元 806 年，唐宪宗成功镇压西川节度使刘辟叛乱；公元 814 年，彰义节度使吴少阳之子吴元济举兵叛乱后遭到镇压；公元 818 年，淄青节度使李师道举兵叛唐，也被成功镇压。

虽然多次成功镇压藩镇反叛，但藩镇割据问题出现的根源并没有得到解决，所以藩镇割据依然在持续发展。伴随着唐王朝进入晚期，藩镇割据达到顶峰，最终成为推倒唐王朝基业的主要力量。

宦官专权

与东汉末年一样，在唐朝末年，唐王朝的朝政大权也逐渐落入宦官手中。

早在玄宗和肃宗时期，皇帝就有宠信宦官的情况。安史之乱后，藩镇割据日甚，皇帝们开始不再相信身边的文臣武将，转而将更多权力交给自己身边"听话的奴仆"。

泾原兵变后，唐德宗将执掌神策军的权力交到了宦官手中。在掌握了兵权后，宦官们开始"露出獠牙"，不再唯皇命是从，开始成为唐王朝的真正主宰者。

唐朝后期，宦官们开始随自己的心意废立皇帝，甚至还出现了软禁、杀害皇帝的情况。这一时期大约有八位皇帝

世界同期历史

拜占庭

公元802年

拜占庭贵族联合反对伊琳娜女皇的统治，在宫廷政变中废黜女皇，拥立财政大臣尼基弗鲁斯为皇帝。由此，伊苏里亚王朝灭亡，伊琳娜女皇被流放。

欧洲

公元843年

加洛林王朝路易一世的三个儿子在凡尔登达成协议，瓜分法兰克王国。由此，法兰克王国被分为东、中、西三个部分。

西亚

公元9世纪后

阿拔斯王朝人民起义遍及全境，先后发生了巴贝克起义、卡尔马特起义和黑奴起义。由此，阿拔斯王朝开始逐渐走向衰亡。

由宦官拥立，两位皇帝被宦官害死。

唐文宗时期，曾计划除掉宦官集团。由于计划被宦官识破，导致一千多人被杀害，唐文宗自己也被软禁而亡。

黄巢起义

在唐朝末期，各种内外忧患终于让曾历经辉煌的唐王朝逐渐走向了灭亡。

公元875年，黄河流域发生特大洪灾。原本就对生活感到绝望的农民，纷纷加入由黄巢和王仙芝领导的农民起义队伍。

随着起义军人数的增加，其占领的土地也越来越多。唐王朝开始组织军队镇压农民起义，但此时直属于朝廷的军队已经所剩无几，各地藩镇势力开始成为剿灭农民起义的主力。

在各地藩镇的联合剿杀下，王仙芝与黄巢先后被杀，轰轰烈烈的黄巢起义宣告失败。这场起义虽然没有彻底推翻唐王朝的统治，但已为唐朝的统治者们敲响了丧钟。只不过唐末的帝王们似乎没有听到这钟声，依然只知享乐。

公元907年，朱温逼迫唐哀帝禅位，建后梁政权，唐王朝就此灭亡。

◎《虢国夫人游春图》

◎ 唐代瓷器

◎ 精美的唐三彩

◎ 唐代玉器

对外友好往来

　　隋唐时期，与其他国家的交往甚为频繁。尤其是唐朝时期，统治者鼓励各国商人来唐开展商贸和文化活动，同时还允许他们长期居住。一时间，长安、洛阳等城市由此成为国际大都会。也正是这一时期，唐朝的名声开始享誉世界。

唐与日本

　　隋唐两朝与日本的交往日益密切。在这个交往过程中，遣唐使对于文化传播起到了至关重要的作用。

　　早在隋朝时，就有日本使者来华。到了唐朝时期，遣唐使的规模和频次开始逐渐增加。

　　从贞观时期到武则天统治时期，日本派遣唐使来华，主要是为了学习唐朝先进的政治体制。

　　在唐高宗统治时期，日本继续派遣唐使来华学习先进的制度文化。同时，由于白江口之战的惨败，日本这一时期派遣唐使，还有一层与唐王朝修好的目的。

　　上述两个时期，日本派遣唐使来华的规模都较小，各类人员配备也并不齐全。但在唐玄宗时期，日本遣唐使的规模显著增加，遣唐使所学习的范围也逐渐扩大。这一时期，日本甚至想将所有发达的唐文化都移植到本国。唐朝的建筑风格、饮食习俗、唐诗书法等都是在这一时期传入日本的。

◎ 日本遣唐使

世界同期历史

日本派遣唐使来华除了进行文化交流外，还与唐朝开展了种类多样的贸易往来。在考古发掘中，曾在日本出土过大量的"开元通宝"，而在中国也出土了大量的日本银币。

唐与朝鲜

公元 675 年，新罗统一了朝鲜半岛。新罗统一后，和唐朝的友好关系继续发展。

新罗商人多来唐贸易，在许多地方新罗商人集中侨居。新罗的朝霞绸、纳绸等产品以及人参等药材，被大量输入唐朝。唐朝则向新罗输出丝绸、茶叶、瓷器、图书等。

除了政治和经济方面的友好往来，唐与新罗在文化方面的交往也甚为密切。

唐文化对新罗的影响巨大。新罗的使者也多次出重金购买唐朝时期一些文化名人的著作。新罗还派遣大量留学生前往唐朝学习文化知识。这些留学生中有不少人在唐朝担任了官职，到回新罗时，更将唐朝的文化带到了国内。

拜占庭

公元 643 年

东罗马帝国皇帝希拉克略在死前曾策划通过丝绸之路北道向中国派遣使者，但未能成行。

其死后两年，即公元 643 年，东罗马帝国使者来到唐长安，正式开启大唐与拜占庭的外交往来。

西亚

公元 751 年

阿拉伯帝国军队在怛罗斯战役中击败唐朝军队，成功夺取中亚大部分地区的控制权。造纸术正是在这场战争中，传入阿拉伯帝国的。

公元 797 年—807 年

查理大帝曾于公元 797 年和 802 年两次遣使拜谒阿拔斯王朝皇帝哈伦·拉希德。哈伦也曾在公元 801 年和 807 年遣使回访。

双方外交方面的往来，创造了一个相对安定的国际环境，有利于双方国内

唐与天竺

戒日王征服了天竺五部后，就不时遣使来与唐通好。

唐朝与天竺的交往，佛教徒作出了卓越的贡献。其中最为人所熟知的，便是高僧玄奘前往天竺取经求法。

公元627年，玄奘从长安出发去往天竺。他一路历经坎坷，风餐露宿，最后到达了今巴基斯坦和印度。玄奘在当地游学19年，走遍五天竺。他曾在曲女城的一场大型辩论会上做主讲人，获得极高荣誉。

公元645年，玄奘回到长安，带回了梵文佛经657部。此后，他专心译经。这些中文译本后来成为古代印度文学、科学的重要文献。

唐与其他国家

唐朝初年，阿拉伯帝国崛起，灭亡了萨珊波斯。波斯王子卑路斯客居长安，并被授予右威卫将军一职。波斯虽亡，但其部众犹存。双方在经济和文化方面的交往并未中断。

波斯商人广泛分布在长安、广州和扬州等地。他们将宝石和药材贩卖到中国，同时将中国的丝织品和茶叶、纸张运到其他地区。摩尼教和景教正是在这一时期传入中国的。波斯文化中的服饰、音乐也备受唐朝百姓青睐。

除了与波斯交往密切，唐朝也与欧洲和非洲的一些国家经济文化往来密切。唐朝与东罗马曾互派使节。东罗马的医术和杂技由此传入中国，中国的丝绸和瓷器则大量运

◎ 玄奘法师

往欧洲。

在一些考古发掘中，非洲地区曾出土大量的唐三彩等瓷器。唐代旅行家杜环曾游历西亚、北非，所著《经行记》记录了亚非等国的历史地理和风土人情。

唐朝的对外友好往来是建立在其强大经济和文化实力上的。在盛世时，唐朝奉行与外交好的政策，引得"万国来朝"。伴随着唐王朝的灭亡，"万国来朝"的景象也随之一去不复返了。

经济、政治、文化的发展。

欧洲

公元800年

教皇利奥三世为法兰克国王查理加冕，称其为"罗马人的皇帝"。

◎印度佛教壁画

◎敦煌壁画中的佛像

辉煌的隋唐文化

隋唐文化继承了我国自秦汉以来，到魏晋南北朝时期，一脉相承的传统文化精髓，是整个中华文化的重要组成部分。

盛唐诗歌

隋唐时期的文化，诗歌显然是最为重要的内容。

隋朝时期的诗歌出现较大发展，但仍未摆脱南北朝时期的浮华文风。到了唐朝，我国诗歌发展进入黄金时代，无论在形式还是在内容方面，都取得了冠绝古今的成就。

唐高宗时期，唐朝诗坛涌现出王勃、杨炯、卢照邻、骆宾王（初唐四杰）四位杰出的诗人。自他们开始，唐诗开始摆脱齐梁诗风，突破旧有窠臼，开始向真正的盛唐诗歌转变。

盛唐时期，"开元盛世"也将唐诗带入了繁荣的巅峰。这一时期涌现出的诗人和佳作灿若天上繁星，李白和杜甫是其中的佼佼者。

"诗仙"李白一生逍遥洒脱，却仕途坎坷。他将这种郁郁不得志的情怀寄寓在诗歌之中，创作出《行路难》《临终歌》等千古名篇。"诗圣"杜甫在人生境遇上与李白多有相似之处，同样是报国无门，郁郁不得志。但不同于李白的浪漫主义，杜甫的诗作中更多是忧国忧民的现实主义内容：《丽人行》《兵车行》等诗作抨击黑暗政治，《哀王孙》《悲陈陶》讲述离乱景象，《诸将》《秋兴》感伤怀古。

盛唐时期除了李白和杜甫外，还有擅长山水诗作的孟浩然与王维和擅长边塞诗歌的高适与岑参。

中晚唐时期，盛世过后唐王朝开始出现危机。这一时期的诗歌创作出现了两种完全不同的思潮：一种是以白居易、元稹为首的新乐府诗歌，强调诗歌为封建政治服务；一种是以韩愈、孟郊为代表的诗文创作，主张诗歌要影响现实。

隋唐时期的文学发展除了诗歌外，还有传奇小说和通俗文学。由于唐诗的成就过于卓越，所以这一时期的这些文学体裁较少被提及。

建筑艺术

隋唐时期的城市建筑规模宏大，上承秦汉魏晋各代传统，下启宋元明清各朝先河；同时对周边的日本、朝鲜半岛的城市建设影响深远。

在隋唐时期的诸多城市建筑中，长安城（隋称大兴城）是最为引人注目的一个。

规模宏大的长安城内，亭台楼阁鳞次栉比，太极宫、大明宫、兴庆宫更是长安建筑群中的巅峰之作。

太极宫是皇帝听政和居住的处所，位于全城中轴线北端，彰显皇权至高无上和神圣不可侵犯。大明宫本是为高祖李渊修建的避暑夏宫。从高宗开始，帝王基本在此居住和执政。兴庆宫原是唐玄宗李隆基旧居，在其登基后，改宅为宫，是玄宗一朝的政治中心。

可惜的是，宏伟壮观的长安城在唐

世界同期历史

西亚

公元7世纪

穆罕默德在阿拉伯半岛创立伊斯兰教，该教以《古兰经》为经典，信众广泛分布于各地区。

英格兰地区

约公元8世纪

古英语史诗《贝奥武夫》在不列颠写成文字。这是迄今为止最为古老的英语叙事诗，主要讲述了贝奥武甫杀死怪物和火龙的故事。

公元673—735年

盎格鲁‐撒克逊神学家和史学家比德创作了《英吉利教会史》，记述了从奥古斯丁受命来不列颠布教开始直到教会在各国相继取得胜利前后一百多年的历史。

东亚

约公元8世纪

日本现存最早的诗歌总集《万叶

后期遭到严重破坏。昔日繁华一时的帝都，沦为一片废墟。如今我们只能在典籍中一窥其当时的繁华。

雕版印刷

除了建筑艺术，隋唐时期，雕版印刷技术也已经臻于成熟。

所谓雕版印刷，就是把文字反刻在一整块木板或其他材料的版上，然后在整块版上面加墨进行印刷。其最早可以追溯到春秋战国时期的印章。

唐朝时期，雕版印刷术迅速发展并广泛推广，普遍用于刊印宗教图像和经文。一些诗集、历法和医药学书籍也会使用雕版印刷术刊印。

发明不久后，雕版印刷术开始逐渐传入东方邻国，随后又传入欧洲。

书法绘画

隋唐时期书法得到了较大发展，这与统治者大力推动是密不可分的。

唐太宗、唐玄宗等多位帝王非常喜好和重视书法，虞世南、欧阳询、柳公权等人都因为书法名重一时。

隋朝及唐初的书法风格延续了北魏碑刻的遒劲有力，在褚遂良等人手中，又兼具了秀媚疏朗之气。

盛唐时期，颜真卿的楷书与行书纳古法于新意，生新法于古意，气势恢宏。

唐朝后期，柳公权脱颖而出，书法凸显骨力，但仍未跳脱出颜氏书法之势。

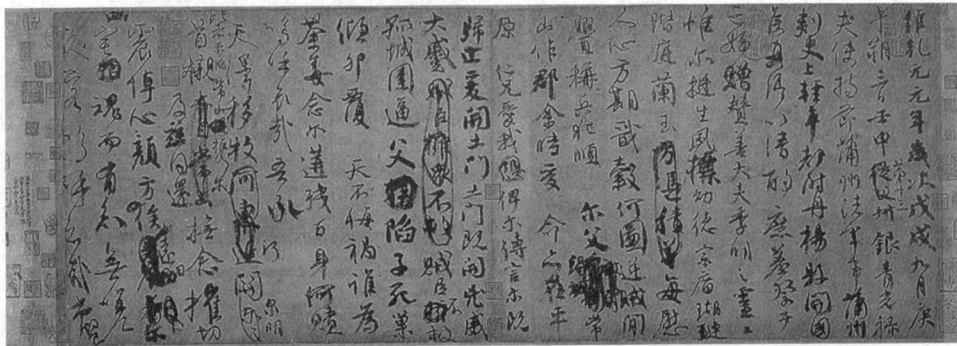

◎ 《祭侄文稿》

有唐一朝，能与书法艺术相比肩的，非绘画艺术莫属。隋唐绘画的大成，一方面是由于继承了前代绘画技法成就，并进行了改进与完善；另一方面则是由于在大一统的政治局面下，民族融合、对外交往为隋唐绘画带来新的风格和内容。

隋与唐初的绘画仍以展现鬼神人物为主。在初唐画师中，阎立本是主要代表人物，其代表作《步辇图》中的人物惟妙惟肖，展示了吐蕃使者朝见唐太宗时的场景。

盛唐时期经济的繁荣为绘画艺术创造了良好的发展环境，绘画也因此在当时普及成风。这一时期的代表画家是吴道子，其人画艺高超，可以驾驭人物、佛像、鬼神、山水等多种绘画体裁，被后世尊为"画圣"。其代表作《送子天王图》的真迹虽未传世，但从宋临本的《送子天王图》中可看出其画艺之高超。

灿烂繁荣的隋唐文化，不仅对此后历朝历代的文化发展产生深远影响，同时还对当时的周边诸国及世界其他国家的文化发展产生了一定影响。

集》编订完成，全书共20卷，收录诗歌4500首，对后世日本诗歌创作产生了重要影响。

公元712年，日本现存最早史书《古事记》完成，主要叙述了日本从"天神创国"到推古天皇时期的神话传说、历史故事、君王家谱。

公元720年，日本官修史书《日本书纪》编撰完成，主要叙述自宇宙起源到公元697年奈良前期前夕，是研究日本古代史的重要典籍。

非洲

约公元8世纪

乍得地区出现非洲古文化代表萨奥文化。萨奥人使用黏土建造住所并制造陶器，同时还使用多种铜制工具。

欧洲

约公元8世纪末—9世纪

查理大帝统治时期，大力兴建学校，收集和抄录古典文献，使得法兰克王国出现了"加洛林文艺复兴"。

171

第六章

经济重心的南移
和民族关系的发展

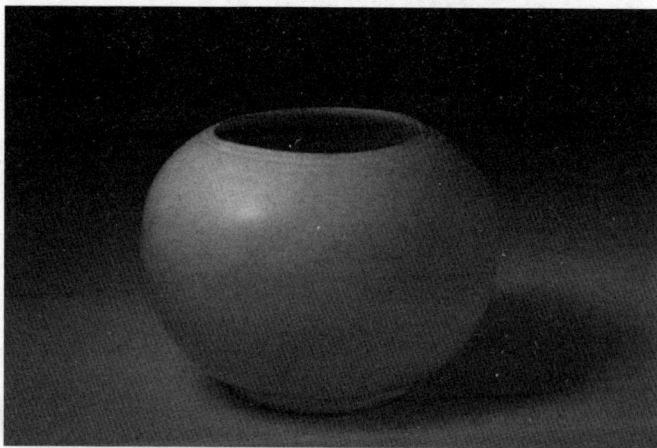

　　从五代时的分裂混乱，到宋元时期的民族融合，中国历史的车轮似乎又转了一圈。五代分裂混乱，但上承隋唐、下启宋元，对宋元时期的社会、经济和文化风貌产生了深远影响。宋元时期在结束五代的分裂混乱后，再次创造了灿烂繁荣的社会文明。经济重心南移的完成，民族关系的进一步发展，都体现出中华文明的一脉相承。

五代的纷乱

　　五代指的是后梁、后唐、后晋、后汉和后周等五个依次更替的朝代。五代相继控制中原地区。

　　这五代虽然实力强大，却都没有达到统一全国的地步。在南方和河东地区，还有十个存在时间较长的割据政权被统称为"十国"，分别是吴、吴越、前蜀、后蜀、闽、南汉、南平、楚、南唐、北汉。

五代更替

　　在逼迫唐哀帝禅位后，朱温建立了后梁政权。为了维护政权稳定，他开始努力发展农业和经济；同时为了防止将领拥兵自重，丝毫不给叛乱留下机会。

　　朱温称帝后，其面对的主要对手是李克用、李存勖父子。从实力对比来看，李氏父子稍占上风。在经历过潞州之战、柏乡之战后，后梁军队元气大伤，无力继续与李存勖部队鏖战。

　　此后，后梁内乱。先是朱友珪杀朱温夺帝位，再是朱友贞发动兵变登帝位。经过一番血雨腥风后，摆在梁末帝朱友贞面前的烂摊子已经变得难以收拾。

　　公元923年，李存勖称帝，建立后唐。然后趁后梁军防守空虚，奇兵突袭攻破开封，诛杀后梁宗室。至此，后梁灭亡。

　　李存勖在灭掉后梁后，又灭掉了前蜀，国力盛极一时。对于李存勖来说，打江山容易，守江山却有些困难。

　　在其统治时期，不仅大肆宠信宦官、伶人，还纵容皇后干预朝政、侵吞税收。朝廷的内乱导致后唐军队兵变不断。在镇压兵变过程中，李嗣源率兵反叛，李存勖被杀。李嗣源继承帝位，即后唐明宗。

　　后唐明宗统治时期进行了一系列改革，使后唐政权得到稳固和发展。但到后唐末帝时，明宗所创基业基本被消耗殆尽。最终，在契丹人的帮助下，石敬瑭建立后晋，并在公元937年攻入洛阳，灭亡后唐。

世界同期历史

◎ 法蒂玛时期器皿

北非

公元909—973年

　　法蒂玛王朝（绿衣大食）建立，建都马赫迪亚。在征服摩洛哥后，占领整个马格里布。征服埃及后，公元973年迁都开罗。

东亚

公元918—936年

　　王建推翻其统治者弓裔自立，国号高丽。随后又相继降服了新罗与后百济，公元936年最终统一朝鲜半岛。

欧洲

公元919—962年

　　萨克森伯爵亨利一世建立萨克森王朝。公元962年，其子奥托一世被罗马教皇加冕为皇帝，开创了神圣罗马帝国。

◎ 萨克森时期器皿

从建立后晋开始，石敬瑭就活在契丹的阴影之中，即使割让了燕云十六州，也依然遭到契丹人的百般责难。

在石敬瑭之后的几位帝王对契丹的态度转向强硬，由此引发了后晋与契丹的数次战争。前几次战争中，由于后晋军民积极参战，契丹并没有占到优势。

公元946年，契丹主耶律德光大举进攻后晋，切断后晋军队粮道补给；待后晋主力部队投降后，于次年轻松攻入汴梁。至此，后晋灭亡。

契丹灭亡后晋时，河东节度使刘知远"坐山观虎斗"，还向契丹纳贡。后晋亡后，刘知远见时机成熟，就在太原称帝。他诏慰抗辽民众。在辽兵北撤后，他杀死了契丹人所立的傀儡，以汉为国号，史称"后汉"。

虽然处心积虑地登上了帝位，但刘知远只做了一年皇帝就病死了。后汉隐帝刘承祐继位后，郭威等权臣掌握了朝政大权。

后汉隐帝与宠臣一同谋划除掉专权的大臣，但计划走漏。权臣们以郭威为首起兵造反，杀入汴梁。后汉隐帝在逃亡途中被杀身亡。

造反成功后，郭威上演了一出黄袍加身的好戏，不动声色地取得了后汉的江山。公元951年，郭威正式登基，定国号为周，史称"后周"。

后周作为五代最后一个政权，在后周太祖郭威的统治下，经历了一段短暂的繁荣时期。后周世宗柴荣继位后，在成功抵挡北汉进攻的同时，还曾北上攻辽和亲征南唐。

后周世宗病逝后，年仅七岁的恭帝继位。伴随着陈桥兵变的爆发，后周政权落入赵匡胤手中。公元960年，赵匡胤登基称帝，改国号为宋，后周至此灭亡。

"十国"兴亡

相比于北方更替出现的五个王朝，这一时期南方的形势要混乱得多。与五代同一时期，南方地区先后出现了九个规模相对较小的割据政权，加上河东地区出现的北汉政权，正好凑成了"十国"。

"十国"出现的时间各有不同，存在时间也长短不一。"十国"政权间既要随时与对方争夺地盘，又需要应对中原的侵攻。虽然有些政权经过改革曾辉煌一时，但在整体实力上，还是很难与中原相抗衡的。

在一定程度上说，如果北方没有"五代"更迭带来的混乱，南方的"十国"割据政权很可能会被统一或平定。

"十国"在南方虽然带来了不少战乱，但相比于五代更迭带来的混乱，南方却少有大规模战乱。因此，这也为当地经济发展创造了一个良好的环境。这些政权在各自属地广泛开展农业生产，促进了当地经济的发展，为此后宋元经济发展打下了坚实基础。

五代作为我国历史上的又一个大分裂时期，虽然战乱频仍，但经济文化的发展却并没有停滞和断档。经历过这种大分裂、大动荡之后，宋、元王朝又迎来了新的经济高潮和民族融合高峰。

◎ 法蒂玛时期器皿

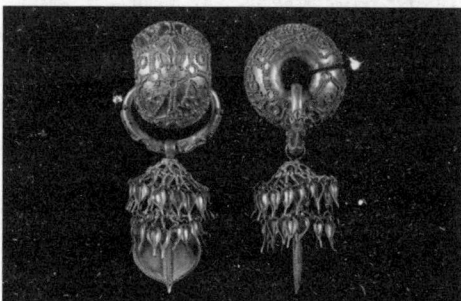

◎ 新罗器皿

◎ 五代瓷器

北宋的改革

北宋建立之初，政权并不稳固。宋太祖既需要四处征战统一全国，又需要收拾好五代留下来的"烂摊子"。

兵变起家的太祖皇帝深知加强中央集权的重要性，策划出"陈桥兵变、黄袍加身"的他，又以一出"杯酒释兵权"的好戏解决了将领拥兵自重的问题，将兵权尽数集中于朝廷，杜绝了前朝出现的藩镇割据问题。

从当时来看，宋太祖"重文抑武"的改革是切中时弊、卓有成效的。但随着时间的推移，这种方法的弊端逐渐显现。冗官冗兵问题愈演愈烈，在很大程度上影响了北宋的军事实力。

◎ 宋太祖

宋太祖的集权改革

除了在军事上将权力集中于朝廷，宋太祖还在政治、经济等方面推出多种举措，加强中央集权统治。

在政治方面：在中央设立了参知政事、枢密使和三司使，以此来将宰相职权一分为三；在地方安排知州和通判共同管理地方政事，彼此相互制衡。同时，为了防止知州的权力过大难以抑制，宋太祖还制定了"三岁一易"的方法。

在经济方面，为了防止地方过度聚敛财富，北宋在各路设置转运使，规定地方只能留下赋税收入的一小部分，其余由转运使运抵朝廷。为了防止地方垄断司法，北宋时期的地方司法人员都由朝廷委派，进一步削弱地方势力。

奉行"重文抑武"政策的宋太祖除了加强中央集权外，还完善了科举制度，通过任用贤能之人，促进了宋朝政治文化的发展。

在科举制度改革上，宋太祖一改前朝旧习，制定了锁院制度、弥封制度和誊录制度。

锁院制度就是在确定主副考官之后，将他们锁于贡院之中，防止他们对外泄露考试内容。

弥封制度则是指在考生考完试之后，将其姓名、籍贯用纸封起来，在最后统计成绩的时候才能拆封来看。

誊录制度是为了防止考生在试卷中留下记号，所以由朝廷选派人员来将考生试卷誊录一遍，再交由考官评判。

宋太祖的一系列改革举措一改前朝积弊，将北宋从五代时期混乱的泥沼之中解脱出来，促进了北宋初期社会政治、经济、文化的全面发展。但过分集权也为此后北宋发展带来了一些严重隐患。

北宋中期的危机

北宋中期，宋太祖的改革举措弊端

世界同期历史

西欧

公元910年—12世纪

克吕尼修道院建立，由教皇直接保护，不受世俗势力干涉。这被认为是一场影响广泛的改革运动，也在一定程度上体现出政教分离的思想。

拜占庭

约公元1085—1092年

拜占庭帝国阿历克塞一世着手改革拜占庭政府机构和贵族等级，推进普罗尼亚制改革。此后，阿莱克修斯一世还推行了币制改革，重建了以帝国为中心的贸易体系。

欧洲

公元1163年

英国国王亨利二世进行司法改革，扩大王室管辖权，所设立的固定法庭被视为民事诉讼法庭的前身。

凸显，社会危机异常严重。这一时期，较为严重的问题是土地兼并和冗官、冗兵、冗费。

在经济方面，北宋初期奉行"不抑兼并"的政策，这就加速了土地兼并进程。到了北宋中期，土地兼并问题已经非常严重，农民起义也层出不穷。

在政治方面，宋太祖的改革并没有触及五代时期旧有的官僚政治，而是更多以分权的方法来将权力集中到朝廷。久而久之就导致了大量官员充斥朝堂，从而形成冗官局面。

与冗官一同产生的还有冗兵，为了巩固政权，北宋统治者只得依靠征兵、养兵的方法扩大兵员数量。但盲目追求兵员数量的增加，忽视兵员质

◎ 宋太宗

量的提升，最终导致了冗兵情况的发生。大量士兵需要国家财政供养，进一步又形成了冗费的局面。

在与辽和西夏的对抗中，军队实力较弱的北宋只得向对方提供大量银绢。大量资财外流，导致国家财政入不敷出，从而形成"积贫"局面。

"积贫积弱"是北宋中期的真实写照。为了解决这种内忧外患的局面，一些有才干的士大夫纷纷提出自己的改革主张。这一时期掀起了一阵改革热潮，其中较为著名的是范仲淹的庆历新政和王安石变法。

庆历新政

宋仁宗时期，范仲淹因修复宋与西夏的关系，被提拔为参知政事。在此之前，范仲淹屡遭贬职，胸怀抱负却无从施展，现在这一升迁，为他施展抱负提供了绝

佳条件。

公元 1043 年，范仲淹向宋仁宗提出了《答手诏条陈十事》的改革方案。这一改革方案主要围绕整顿吏治、严肃法纪和富民强兵三点展开，涉及十个方面的内容。宋仁宗基本全部采纳了这一方案，开始推行改革。由于当时处于庆历年间，后世遂称此次改革为"庆历新政"。

范仲淹的改革举措很适合当时社会矛盾尖锐的北宋王朝。但仅仅一年零四个月时间，庆历新政便被废止。

这是因为范仲淹主抓的整顿吏治触

英国

约公元1215年

英王约翰为避免内战，签发了《大宪章》。其对国王权力做出限制，将一些新的权力赋予了贵族和人民。

法国

公元1223年

菲利普二世执行了一系列加强中央集权的政策。在菲利普二世时代，法国的集权程度达到鼎盛。

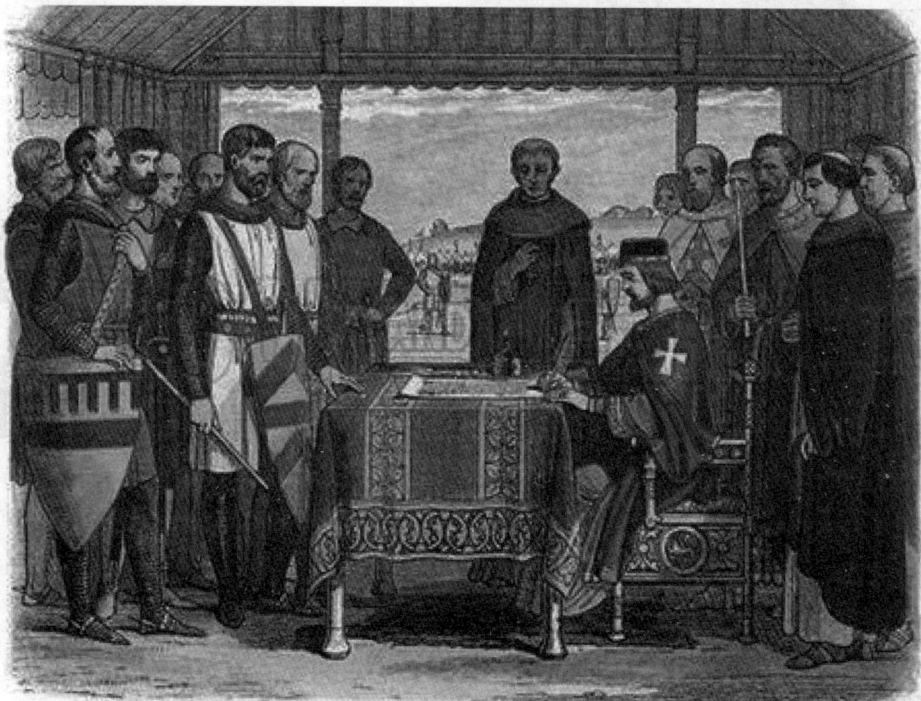

◎ 签署《大宪章》

犯了官僚权贵的利益，从而引发这些贵族势力疯狂报复、诬陷。缺乏远见的宋仁宗很快便倒向反对派一边，逐渐疏远了范仲淹等改革派，废除了正在施行的一系列政策。

王安石变法

庆历新政失败后，宋朝依然沿用初期制定的一系列制度，经济社会环境由此进一步恶化。宋神宗即位后，为了摆脱这种"积贫积弱"的局面，开始起用王安石进行改革。

王安石所推行的新法内容相较之前显然要更丰富一些。其中既包括经济方面的均输法、青苗法、方田均税法，也包括军事方面的募役法、保甲法。

青苗法是指在每年夏秋未熟前，官府向农户提供谷物或贷款，待到收获时，农户再加上利息偿还；方田均税法则是按土地多少、好坏来核实土地、平均赋税，防止官僚地主逃税漏税，增加国家财政收入；募役法是指通过征收役钱来雇人到官府服役，官僚阶层也需要缴纳役钱。

总体来看，王安石变法的核心也是"富国强兵"，从而有针对性地解决当时朝廷中的"积贫积弱"问题。但与庆历新政一样，王安石的一些变法举措也触及了官僚贵族的利益，遭到了这些人的抵制与反对。同时在新法推行过程中，出现了变法

◎ 王安石

官员肆意妄为的情况，这也严重影响了新法的施行。

公元 1076 年，可能是由于对长子逝世的悲痛，抑或是对新法执行不力痛心，王安石上书求退。在王安石退出后，新法并没有完全遭到废止。宋神宗依然在推行改革，但从力度和效果上都已大不及从前。

北宋初期改革主要立足于政权稳固这一目标，中期的改革则主要着力解决"积贫积弱"的局面。这些改革都取得了一些显著成果，但这些成果是较为有限的，可以维稳，但不足以让北宋真正实现"富国强兵"。

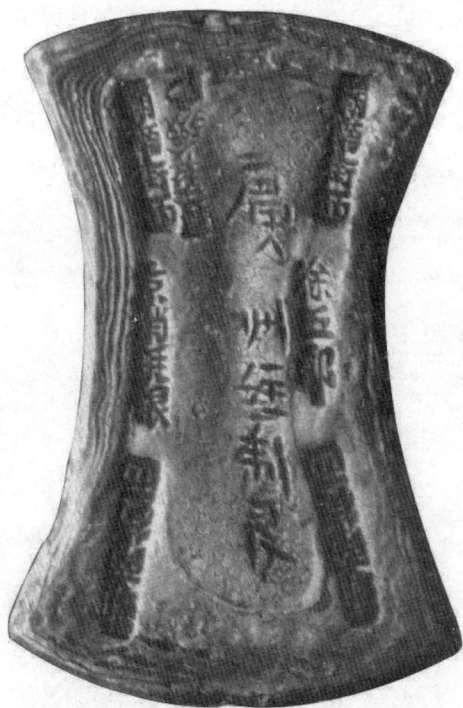

◎ 宋代银锭

◎ 宋高宗

辽、西夏与宋的并立

北宋建立之初，政权并不稳定。相比北部实力强大的契丹，南方那些实力较弱的割据政权成为宋太祖统一全国的首要进攻目标。

解决这些弱小政权，对于北宋王朝并不是难事。真正让宋太祖忧心的是据有燕云十六州的契丹。在统一全国的过程中，宋太祖曾设立封桩库来储备钱财，希望可以从契丹手中赎回燕云十六州。在这一预想落空之后，宋太祖开始北伐契丹。

宋辽分立

契丹部崛起于五代时期。公元 916 年，契丹首领耶律阿保机建国号为契丹，正式称王，史称辽太祖。由此，契丹开始进入全盛时期。

公元 936 年，河东节度使石敬瑭以自称儿皇帝、割让燕云十六州为条件，请求契丹援助攻打后唐。石敬瑭由此建立后晋，契丹也因此获得了燕云十六州。

公元 947 年，耶律德光攻占汴京，登基称帝，将国号改为辽。由此辽正式开启征伐中原之路，但由于朝内叛乱，政局动荡，辽穆宗和辽景宗暂时放下了主动征伐中原的计划，转而大力发展经济和军事。

在辽景宗去世后，辽正式进入萧太后摄政阶段。在萧太后的治理下，辽实力达到鼎盛。萧太后重拾前代帝王征伐中原的野望，向北宋发起了进攻。

宋太祖还没有完成统一天下的大业，便忽然去世。接任的宋太宗除了要继续统一外，还承担起了从辽手中夺回燕云十六州的重任。

公元 986 年，宋太宗不顾朝臣反对，派三路大军北伐。战争初期，北宋军队占据优势，但最终却遭遇战败，名将杨业也在此战中英勇殉国。

宋太宗去世后，宋真宗继承皇位。这一次，萧太后率先发难，派大军侵入北宋腹地。宋真宗起初想要迁都逃跑，但在名相寇準的力谏下，决定御驾亲征。

宋真宗亲征后，宋辽两军在澶渊相持，不见胜负。长期相持使得辽军的补给出现不足。辽名将萧挞凛在巡视战场时，意外被宋军的床子弩射中身亡，又让辽军士气大挫。

在这种情况下，辽军已成强弩之末，萧太后只得派使者与宋真宗和谈。被逼亲征的宋真宗本就不想与辽交战，听到对方要和谈，想都没想就答应了下来，任寇準等人怎样劝说也没有用。

北宋与辽约定：

第一，宋辽以白沟河为界，双方撤兵，两地人户不得交侵；

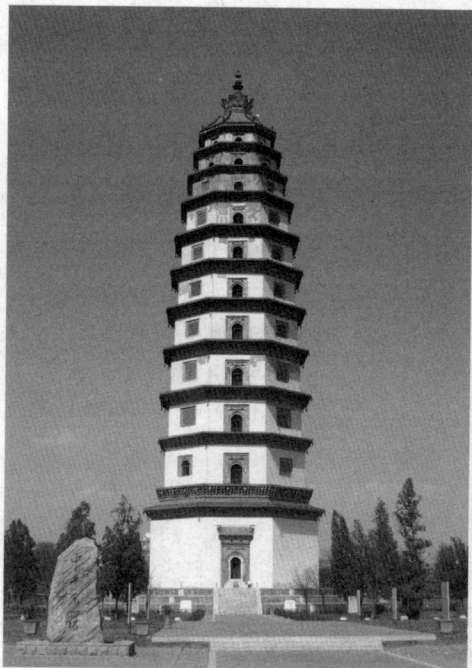
◎ 北宋"瞭敌塔"（今定州开元寺塔）

世界同期历史

印度

公元1206—1290年

德里苏丹国第一王朝库特布沙希王朝建立，并逐渐发展壮大，后在1290年被卡尔吉王朝取代。

北非

公元1171年—13世纪

萨拉丁推翻法蒂玛王朝，建立阿尤布王朝。后相继征服了埃及、叙利亚等地。在1260年蒙古军入侵后，王朝逐渐走向没落。

欧洲

公元1024—1039年

康拉德二世当选东法兰克国王，并加冕为皇帝。神圣罗马帝国进入萨利安家族统治时期。在这一时期，皇帝与教廷之间发生了影响深远的叙任权斗争。

公元1138年—13世纪

神圣罗马帝国进入霍亨斯陶芬家族统治时期。

第二，宋辽两国结为兄弟之国，辽帝称宋帝为兄，宋帝称辽帝为弟；

第三，宋每年要送给辽绢 20 万匹、白银 10 万两；

第四，辽宋双方开通贸易，设立榷场。

这就是后世所称的"澶渊之盟"。作为接受和谈一方，北宋似乎并没有占到什么便宜。但在另一方面，该盟约的签订却结束了宋辽 20 多年的战争对抗，也为宋辽边境的百姓带来了和平与安定。

宋与西夏之战

当宋辽交战正酣时，原本臣属于宋朝的党项人却趁机自立，积极扩张，建立了一个区域性的割据政权，史称西夏。

自公元 1038 年西夏建立后，西夏景宗颁布了一系列强化集权统治的举措；同时还参照唐宋军制，进行了一系列军事方面的改革。通过与辽宋之间的商贸往来，西夏又积累了大量财富。由此，西夏实力不断增强。

宋与西夏之间主要发生了三场规模较大的战役，分别是三川口、好水川和定川寨之战。三场大战，宋军几乎全部完败，不仅损失了大量兵将，还丧失了大片土地。自此之后，宋朝不得不改变对西夏的态度，开始采取防御政策，力求能够与西夏展开和谈。

◎ 西夏王陵

在大战中屡次获胜的西夏也深受战争之苦。宋朝关闭与西夏的贸易关口，更让西夏百姓的生活苦不堪言。为此，李元昊也希望能够通过议和来结束战争。

这一时期，范仲淹被调到西北地区后，通过加强西北边防，成功制止了西夏展开进一步进攻，为宋朝在议和中提供了重要筹码。最终经过双方权衡利弊，一番讨价还价之后，达成了"庆历和议"。

北宋对西夏屡战屡败的原因主要在于"积贫积弱"，而不断战败又进一步加剧了这种"积贫积弱"的形势。范仲淹因对抗西夏有功得到重用，掀起了改革变法的大幕。王安石在范仲淹之后再次启动变法，以求富国强兵。

虽然变法改革都以失败告终，但北宋却从"积贫积弱"的泥沼中挣脱了一些。反观西夏和辽，在和谈之后开始逐渐走向衰落，正是因为缺少改革求新的举措与行动。因此，从宋与辽和西夏的对抗可以看出，想要真正立于不败之地，就要不断与时俱进。只有不断进步，才能改变落后挨打的局面。

中欧

公元966—1138年

波兰大公梅什科一世巩固和扩大了波兰国家版图。10世纪末，博莱斯瓦夫一世加冕为波兰国王。公元1138年，皮亚斯特王朝分裂。

公元1000年

伊斯特万一世建立匈牙利王国。从此封建制度逐步确立

中东

公元10世纪后—1258年

阿拔斯王朝进入统治末期，阿拉伯帝国四分五裂。1258年，蒙古军攻陷巴格达，阿拉伯帝国灭亡。

金与南宋

在北宋热火朝天地进行改革时，北部的辽却陷入长时间的衰败之中。这一时期，女真族在黑龙江和松花江流域逐渐强大，并建立了一个新的强大的北方政权。

宋金联合灭辽

女真贵族完颜阿骨打用武力统一部族后，带领部族向辽发起进攻。在进攻过程中，女真人将俘虏的辽人编入军队中，壮大了自己的军事实力。

公元 1115 年，在占领了许多城镇后，完颜阿骨打建金称帝，史称金太祖。

为了进一步增强自身实力，金太祖开始推行猛安谋克制。这种兵农合一的制度，不仅促进了金的经济和军事发展，同时也加快了女真族的封建化进程。

面对金的步步紧逼，辽想要通过和谈的方式解决彼此冲突，但完颜阿骨打执意灭辽。在攻破辽百万大军后，继续攻占辽土地。

◎ 完颜阿骨打

公元 1120 年，金与北宋达成协议，共同进攻辽。

在宋金结盟这个问题上，北宋朝廷内部曾产生过一些争议。有人认为灭掉较弱的辽后，宋就会直接与强金为邻，对金自然是益事，但对北宋来说却并不一定是好事。

从此后的历史发展来看，这种观点显然是极具远见的。但从当时的现实情况来看，北宋除了联金灭辽外，似乎也没有什么别的选择。

北宋末年，宋徽宗不理朝政，蔡京、童贯等六人祸乱朝纲，一大批正直的大臣遭到排挤。

联金灭辽后，北宋未能如愿收回燕云之地，同时还将自己的孱弱暴露无遗。金军趁灭辽之势，向北宋发起多次进攻，最终攻陷开封，掳走宋钦宗和宋徽宗，史称"靖康之变"。

南宋与金对峙

北宋二帝被掳，百姓国破家亡。公元 1127 年，赵构在今河南商丘即位，重建宋朝（即南宋），是为宋高宗。高宗继位后虽然在政治和军事方面做出了一些调整，但与金相比在实力上还存在差距。

金军虽然灭亡了北宋，但所占区域依然只是北方地区。为了进一步扩大战果，金军再次举兵攻伐南宋。兵分三路的金军一路上势如破竹，短短三个月时

世界同期历史

西亚

公元1055—1308年

进占巴格达后，塞尔柱帝国建立，将波斯文化带到了安纳托利亚。在苏丹马立克沙一世统治下，帝国达到极盛。

在塞尔柱帝国之后，罗姆苏丹国延续着其在安纳托利亚的统治。最终在蒙古军的进攻下，逐渐成为附庸。

英国

公元1066—1154年

法国诺曼底公爵威廉通过军事手段征服英国，并在英国建立起了强大的王权，由此开启了英国的诺曼王朝。

欧洲

公元1075—1122年

教皇格里高利七世与神圣罗马帝国皇帝亨利四世展开主教叙任权之争。最终亨利四世之子亨利五世与教皇和主教们达成沃尔姆斯宗教协定。此次冲突显示出统治者权力受到教皇和诸侯的限制。

间，相继攻破京兆府、凤翔府等地。由于宋大将宗泽在东京汴梁顽强抵抗，金军三路并进的计划才没有完全实现目的。

第一次进攻南宋后不久，金军便开始组织第二次进攻。这一次金军采用东西并进的策略展开进攻：西路军主要牵制川陕地区的宋军，东路军则主攻江淮地区的宋军。两路军共同出击，接连占领了南宋大量土地和城镇，宋高宗只得渡过长江以求自保。

渡江之后，宋高宗决定放弃淮河一线，转而固守长江。金军自然也清楚这一点，所以在南宋江防未稳之际，金军又分东西两路第三次进攻南宋。

这一次金军想要通过全面进攻彻底灭亡南宋。在接连攻克建康和临安后，金军开始战略后撤。但在黄天荡地区却遭到名将韩世忠的阻截，十万大军被困40余日。在突出重围后，金军又在建康为岳飞所击败。

自此之后，金军开始调整策略，改全面进攻为东守西攻，集中力量进攻川陕地区的宋军。由于南宋军民及优秀将领的共同抵抗，金军的这一策略很快也宣告失败。

公元1136年，岳飞率军北伐，收复大片失地，山西、河南地区尽归南宋。当岳飞在前线为恢复中原而奋勇作战时，宋高宗和秦桧不断派使臣向金求和。金军为防岳飞继续北上，遂与宋达成和议，暂时停战。

利用这段时间，金军休息调整，厉兵秣马。不到一年时间就重新组织起一支强大的军队，再次向南宋发起进攻。

毫无准备的南宋官员纷纷降金，只有岳飞、韩世忠、刘锜等人率领南宋军民顽强抵抗。在顺昌保卫战中，名将刘锜利用金军不喜炎热、不习夜战的弱点，重创金军主力，彻底粉碎了金军的进攻。这一战也成为宋金战争中以少胜多的著名战役。

顺昌之战极大鼓舞了东西两线宋军的士气，为南宋军民反攻金军创造了良好条件。与此同时，岳飞等人也在各自战线上击败了金军。

金军此次全面进攻的溃败，成为宋金对抗的一个重要转折点。金军此前对宋军的优势已经荡然无存，岳飞等人正在不断向金军发起反攻。

可原本一片大好的形势，却为宋高宗和秦桧所阻。出于各种原因，宋高宗叫停了各路北伐军队，并以一天之内十二道金牌强令岳飞撤兵。由于宋军主动撤退，许多收复的失地又重新被金军占领。

为了更好地促成和谈，宋高宗先后解除了岳飞、韩世忠和张俊的兵权。在宋高宗的真诚恳求下，金以"必杀岳飞"为条件答应议和。公元1141年，宋金签订了《绍兴和议》，随后岳飞被以"莫须有"的罪名杀害。

以割地赔款、俯首称臣为代价换来的和议，为南宋带来了20年的和平时期，由此金与南宋进入南北对峙阶段。

在对峙时期中，宋与金都迎来了经济文化的繁荣时期。南北方经济和文化往来，也促使中华文化形成了新的格局。

东亚

公元1192—1333年

源赖朝建立镰仓幕府。在其死后，北条氏掌握幕府实权。1333年，北条氏为醍醐天皇所灭，镰仓幕府宣告终结。

◎ 岳飞

两宋经济发展

宋朝虽然长时间处于"积贫积弱"的局面之中，但这一时期却称得上是中国古代经济文化的鼎盛时期。宋太祖确立的"重文抑武"之策让宋朝在军力上略显不足，但在另一方面却促进了经济文化的发展。

农业的发展

根据《宋会要》《文献通考》等典籍所记，北宋末年的人口户数与北宋初年相比多了五倍之多，粗略估算人口数量在 1 亿人左右。即使到了南宋时期，人口户数也是始终保持着增长趋势的。

两宋的统治者非常重视对土地的开垦，经常会组织农户去开垦荒地。根据《文献通考》的记载，在北宋初年开垦田地量为 3.1 亿亩；到了神宗元丰年间，这一数量增长到 4.6 亿亩。

除了传统的旱田和水田，这一时期还出现了涂田、圩田等新型耕地。一些不太适宜种植的荒地也被人们开垦出来，大大增加了当时农田的数量。

除了这两个因素外，大力兴修水利设施也是两宋农业发展的重要因素。

宋朝统治者曾多次发布诏令鼓励兴修水利，还将此作为地方官员考核的重要内容。在这种政令要求下，当时的南北方地区根据各自地理条件，兴修了许多水利工程。

宋金并立时，南方的水利建设大大超过北方，修建了不少新的工程，如眉州通济堰、淮东绍熙堰。

人口数量和耕地面积的增加为宋朝农业发展提供了劳动力和土地，水利工程的兴建又为农业发展创造了良好的环境。正是在这三方面因素共同作用下，宋朝的农业发展才取得了前所未有的繁荣。

手工业的兴盛

宋朝手工业的迅速发展，与科学技术进步是密不可分的。这一时期，纺织业、制瓷业和造船业所取得的成就都源于科学技术的进步。

得益于科学技术的进步，两宋时期我国的陶瓷业出现了较大变化。当煤被用作主要燃料后，为了更好地集中火力烧制瓷器，北宋时期的窑炉都被改造成了短而圆的马蹄形馒头窑。除了形制上的变化，宋代瓷窑在规模上也比前几代大出许多。

在陶瓷烧造技术上，传统瓷器烧造方法是在一个匣钵中正放瓷器烧造，北宋时期定窑对这一技术进行了改进。

定窑烧制时，将碗盘一类的多件瓷器，反扣在由垫圈组成的匣钵中烧制。这样一次便可以烧制多件瓷器，大大提高了瓷器生产的效率。

在制作技术方面，两宋时期瓷器在造型、装饰图案和釉色上出现了较多变化，形成了南北诸窑各不相同、各具特色的瓷器制造风格。其中尤为典型的就

世界同期历史

拜占庭

公元867—1056年

在马其顿王朝统治下，拜占庭帝国进入到新的辉煌时期。

在这段"黄金时期"中，拜占庭帝国不仅获得了亚得里亚海的制海权，同时击败保加利亚，灭亡了保加利亚第一王国。

欧洲

公元11世纪—13世纪

神圣罗马帝国进入中世纪鼎盛时期，大量土地被开垦，森林被砍伐利用，欧洲的人口数量出现较大增长。不断增加的劳动力又反过来促进了欧洲经济的发展。

西非

公元13世纪—16世纪

马里帝国建立并逐渐发展壮大。在曼萨·穆萨统治下，马里帝国达到鼎盛。同时，这一时期的穆斯林文化也在马里帝国达到一个新的高度。

是宋代的官、钧、定、汝、哥五大名窑。

到了两宋时期,纺织技术也获得了较大发展。首先在纺织工具方面,宋代将手摇缫车升级为更先进的脚踏纺车。由于社会需求不断增加,脚踏纺车虽然提高了生产效率,却依然无法满足需求。为此,宋人研发了用水力发动的一种麻纺合线机,来进一步提高纺织的效率。

在丝织技术方面,宋代普遍采用轴架整经法。这使得宋代丝织品在纹样上发生了较多变化,让丝织品变得更为复杂精美。伴随着棉花的广泛种植,两宋时期江南地区的棉纺织业也逐渐发展起来。

南宋时期锦的品种已有四十多种,其中以苏州宋锦、南京云锦较为著名。

除织锦外,缂丝也是宋代时期典型的纺织工艺品。现藏于故宫博物院的南宋沈子蕃的《梅鹊图》,就是其中的代表名品。

商业贸易的繁荣

虽然始终无法摆脱"积贫积弱"的局面,但宋代的商业发展却是发达于前代的,在一些方面甚至其后一些朝代也难以望其项背。

　　世界上最早的纸币"交子"就诞生于北宋时期。到了南宋时，纸币的品种和面额都有所增加，发行的数额也大为增长。这正是宋代商业贸易繁荣的直接体现。

　　借助于水陆交通线的贯通，宋代在整体大范围形成了"草市、市镇、城市"三级市场网络。在地方，又形成了许多区域性市场。

　　北宋时期的汴京、成都，南宋时期的临安、建康，都是重要的区域经济中心。除了大型商业城市外，宋代还出现了汉口镇、佛山镇等商业名镇。一些更小的农村市场则遍布货郎摊贩，到处呈现一幕幕商业繁荣的景象。

　　相比于唐朝时期的坊市分界，宋代城市突破了坊市界限，商业活动遍布城市的各个角落。北宋时期的汴梁城还出现了早市与夜市，商业活动突破时间的限制也是宋代商贸繁荣的一个主要表现。

　　据《诸蕃志》记载，与南宋进行贸易的国家和地区有 50 多个。在南宋时期，海外贸易还成为政府财政收入的重要来源。这一方面得益于宋代造船技术的发展，另一方面也反映出宋代商业贸易的繁荣。

　　在谈到经济繁荣时，大多数人会迅速想到大唐的盛世景象，殊不知宋朝才是我国经济空前繁荣的时期。

◎《清明上河图》（局部）

经济重心的南移

经济重心的南移是我国古代历史中的大事件，这种现象的背后是我国古代南北经济发展的巨大变化。

经济重心南移历程

黄河流域是中华民族的发祥地之一，也是我国最早得到开发的地区。在魏晋南北朝以前，这一地区的经济发展始终遥遥领先于其他地区。但在魏晋时期，尤其是东晋建立后，南方经济得到开发，南北方经济差距开始逐渐缩小。这为我国经济重心的南移打下了坚实的基础。

到了隋唐时期，南北方经济都得到较大发展。江南地区的土地得到开发，成为重要的粮食产地。随着"安史之乱"对北方经济的破坏，南北经济之间的平衡被打破。一些百姓为了躲避战乱，开始从北方逃往南方，我国的经济重心也开始逐渐向南方转移。

五代时期，北方政权更迭频繁，战乱不断，更多流民开始迁往南方。南方政权较多，但战乱较少，相对稳定。大量流民成为南方农业发展的主要力量。这一时期，我国南方的人口数量已经超过了北方地区，南方经济发展也领先于北方。

到了北宋时期，虽然结束了五代时的割据，但北方依然战乱不断。南宋在南方地区建立，进一步推动了南方经济的发展。这一时期，南方的农业生产已经完全超越北方，经济发达程度也超越了北方。我国经济的重心正式转到南方地区。

由此可见，我国经济重心南移最终完成于南宋时期。此后的元、明、清几代，只是进一步加深和巩固了南方的经济中心地位。即使到现在，长江中下游及南方地区依然是我国重要的经济中心。

世界同期历史

◎《清明上河图》（局部）

经济重心南移原因

通过分析不同时期我国经济重心南移的情况，可以发现我国经济重心南移的几个比较显著的特征。

第一个特征是政治中心的变动对经济中心转移具有重要影响。在我国经济重心南移过程中，有两个重要的时间节点：一个是东晋建立时，一个是南宋建立时。东晋和南宋都建都于南方。也正是在这两个时期，我国南方经济出现了

意大利

公元11世纪—12世纪

在教皇和神圣罗马帝国皇帝的争斗之中，意大利的一些城市开始逐渐扩张，并形成独立主权实体。

这些城市国家包括米兰、佛罗伦萨和热那亚等。

非洲

公元11世纪—13世纪

豪萨人在非洲西部建立众多城邦，后逐渐发展成为一些松散联盟。

亚洲、欧洲

公元1054年

教皇与君士坦丁堡牧守相互处以绝罚，西部拉丁教会和东部希腊教会间的往来由此中断，史称"东西教会分裂"。

英国

公元1086年

英国国王威廉一世对全国各级封臣与自由民的土地、财产和收入进行核查。

197

较为快速的发展，由此可以得出第一个显著特征。

第二个特征是经济重心南移在战乱割据时期最为显著。在魏晋南北朝和五代时期，我国经济重心南移的趋势都非常明显。

第三个特征则是北方人民南迁成为经济重心南移的重要因素。政治中心的移动必然会带动人民的移动。战乱割据时期，人民也会自发转移到相对安定的南方地区。因此，在前两个特征背后起到更大作用的其实是人民的力量。

北民南迁不仅为南方地区带来了充足的劳动力资源，同时还带来了许多先进的生产技术和生产工具。借助南方相对稳定的社会环境，劳动人民积极开展生产，才创造了南方经济的繁荣局面。

经济重心南移的影响

经济重心南移对我国社会发展带来重要影响。除了经济方面的影响，对交通、贸易、民族关系和人口分布都产生了深远影响。

首先，经济重心南移带动了沿海地区经济的发展，促进了我国海上贸易的发

◎ 豪萨人壁画

展。海上丝绸之路的开辟正是由于南方经济发展所致。

其次，经济重心南移还促进了各民族的深度融合。北方的少数民族随北方汉族人迁移到南方，进一步加深了与汉族间的交流与合作。南方的少数民族也逐渐融入中华民族大家庭之中。

最后，经济重心南移得益于北民南迁，而南方经济的发展又吸引了更多北方居民迁往南方。南方人口快速增长，促使我国人口分布发生较大变化。

这些内容记录在《末日审判书》中。这种类似人口普查的行动有利于增加政府机构的财政收入。

欧洲

公元12世纪—13世纪

商路附近和教堂周围出现了一些欧洲城镇。行会积极参与城镇管理，为城镇发展提供了稳定的经济环境，从而推动了欧洲封建经济逐渐向资本主义经济转化。

◎ 圣马可大教堂

草原兴起和元朝的建立

公元1162年，铁木真出生在一个蒙古贵族家庭。在其8岁时，他的父亲为塔塔尔人所杀。随后，他与家人过了很多年颠沛流离的生活，多次死里逃生。

成年后的铁木真成为克烈部首领脱里汗的属臣，并随其四处征战。在脱里汗手下，铁木真屡立战功，遭到他人妒忌，最终与克烈人决裂。自此，铁木真开始率领自己的部族走上统一蒙古各部的道路。

经历多番苦战后，铁木真基本统一了蒙古各部。公元1206年，其在翰难河源附近召开大会，并被推举为"成吉思汗"。

为了能够真正成为"像海洋一样强大的帝王"，铁木真率领蒙古各部发起了对欧亚大陆的征服战争。铁蹄所到之处，血火遍地。在横扫欧亚大陆之后，铁木真走完了自己风光无限的一生。在其临终之际，留下了著名的"联宋灭金"的遗嘱。

联合灭金

"联宋灭金"确实是一项正确无误的策略。但对于南宋来说，却是一项必须要考虑再三的决策。

一方面，金军灭亡北宋，制造了"靖康之变"，于情于理南宋都应该利用一切机遇来灭金。而联合蒙古夹击金军正是难得的机遇。

另一方面，如果金灭亡，南宋将直面更为强大的蒙古军，唇亡齿寒的情况南宋也不能不防。

其实早在蒙古崛起之前，南宋政府就曾打算号召蒙古、契丹各部共同抗金，但由于蒙古当时还没有形成一股统一力量，这一计划便搁浅了。但当蒙古各部被铁木真统一起来形成一股强大势力后，南宋又开始担忧蒙古灭金后，会顺手把自己也灭掉。

那么为什么南宋最终还是决定"联蒙抗金"呢？这可以说是"两害相权取其轻"的做法。毕竟北宋就曾"联金抗辽"，虽然结果自己也被顺手灭掉，但也是

世界同期历史

无可奈何的事情。

当"人为刀俎，我为鱼肉"时，鱼能想到的最好办法就是尽量躲开几刀。如果只有早死和晚死两个选择，那当然是选择晚死了。

南宋当然不会在最初就答应与蒙古一同抗金。在蒙金之间打得不可开交之时，南宋只是试探性地向金发起进攻，

拜占庭

公元13世纪

拉斯卡利斯兄弟逃出君士坦丁堡后，整合了安纳托利亚西部的拜占庭领地，建立了尼西亚帝国。

尼西亚皇帝迈克尔来自巴列奥略家族。公元1261年，迈克尔夺回君士坦丁堡，恢复了拜占庭帝国，加冕为迈克尔八世。

东非

公元1270年

耶库诺·阿姆拉克建立所罗门王朝，定国号为阿比西尼亚帝国（埃塞俄比亚前身）。所罗门王朝此后一直断断续续统治着阿比西尼亚直到20世纪。

欧洲

公元13世纪

斡罗斯、孛烈儿（今波兰）、马札儿先后与蒙古西征大军交战，全部失败。蒙古军最终渡过了多瑙河。

◎ 迈克尔八世

大多数时间是"坐山观虎斗"。而当蒙古大军取得决定性优势时，南宋迅速坚定立场，决定与蒙古军一同攻金，并为蒙古军提供粮草物资。

原本已经摇摇欲坠的金在两方合围下，很快走向了灭亡。在灭金过程中，南宋陆续收回了许多地区，同时还获得了金哀宗的尸体，得报靖康之耻。

端平入洛

在"联蒙灭金"过程中，南宋政府获得了不少好处。但正如此前所顾虑的一样，金灭亡了，阻挡蒙古军的屏障也没有了。现在南宋面临的形势，似乎比之前更为严峻。

可能是靖康之耻得报后的精神振奋，也可能是刚刚亲政后的志得意满，年轻的宋理宗却在此时做起了复兴的美梦，开始派兵进取中原。由于事件发生在端平年间，后世称之为"端平入洛"。

最初，宋军抓住蒙古军队北撤的机会，相继收复了开封和洛阳。但在这个过程中，宋军内部却是一派混乱景象，将官争权、粮草不足都成为此后战争失败的重要因素。

当蒙古军队获知宋军占领洛阳后，迅速派兵进逼洛阳。洛阳城中的宋军因为粮草不足，只能杀马而食。在弃城突围过程中，宋军伤亡惨重。

洛阳失守后，驻扎在开封的赵葵和全子才等人内心恐惧，遂下令迅速撤退。由此，待蒙古军到达开封时，宋军早已消失得无影无踪。"三京之役"最终以宋军完败而告终。

此后，蒙古军对宋军发起大规模进攻，此前宋军收复的一些失地，又再次为蒙古军所占。无法抵挡蒙古军进攻的南宋只得派人与蒙古讲和，最终蒙古与南宋形成了隔淮河对峙的局面。

元朝建立，南宋灭亡

南宋恢复中原的美梦被蒙古铁骑踏得粉碎。"端平入洛"之举无疑激化了双方的矛盾，拉开了战争的序幕。但仔细来看，即使没有此次事件，战争也是不可避免的。弱肉强食的法则是宋王朝无法逃脱的宿命。

◎ 忽必烈

印度

公元1290—1320年

　　卡尔吉王朝取代库特布沙希王朝，统治德里苏丹国。在阿拉乌丁·卡尔吉的统治下，王国领土得到较大扩张。

　　在联合灭金后，蒙古爆发内部争权斗争。在与阿里不哥的汗位之争中，忽必烈笑到了最后。公元 1271 年，忽必烈建国号大元。

　　在北方内乱基本平定后，忽必烈开始着手对南宋展开进攻。面对元军进攻，南宋丝毫没有抵抗的力量，只求能称臣议和。公元 1276 年，宋恭宗投降，南宋已然名存实亡。

　　虽然南宋已经宣告投降，但文天祥、陆秀夫等南宋大臣依然在东南沿海地区继续抵抗。公元 1279 年，南宋最后的反抗势力在厓山海战中被消灭。陆秀夫抱着宋末帝跳海殉国，南宋正式灭亡。

宋元的海上贸易

经过秦汉、隋唐等朝代的奠基，中国的海上贸易到宋初时已经获得较大发展。随着经济重心南移的完成和造船技术与航海技术的进步，宋元时期的海上贸易取得了空前繁荣的成就。

海上丝绸之路的鼎盛

海上丝绸之路是古代中国与其他国家进行经济文化交流的海上通道。早在秦汉时期就开始形成，隋唐时期发展繁荣，宋元时期则达到鼎盛。

隋唐时期作为海上贸易大宗货物的丝绸，到了宋元时期为瓷器和香料所取代。因此，海上丝绸之路又有"海上陶瓷之路""海上香料之路"的称谓。

宋太祖时期，对外贸易主要由广州的市舶司负责管理。此后，北宋又相继在杭州和泉州设立了市舶司。这些市舶司主要负责发给许可证、检查、征税、收买货物等事务。

为了促进海外贸易发展，宋太宗曾派内侍携带诏书、金帛拜访南海。宋朝主要从外面购买香料、药材和珍珠，而与宋贸易的商人则主要购买宋朝的丝绸、瓷器和茶叶。

相比于北宋，南宋更加注重海上贸易的发展。为了更好地吸引外国商人，南宋开放了大量的通商口岸，并将吸引外商作为官员考核的标准之一。在政府的大力推动下，南宋时期东南沿海的海外贸易很快便步入鼎盛阶段。

元朝在统一全国后，除了延续宋朝的海外贸易外，还开辟了专门的海运线路，将南方的粮食和其他物资运往元大都。相比于陆运和河运，海运不仅更省时，还更为省力。

元朝海外贸易的规模丝毫不弱于宋朝，与其通商的国家和地区多达两百多个。根据《岛夷志略》的记载，当时中国的商船最远到达过今天的埃及地区。

在宋代沉船"南海一号"中，已经发掘 18 万余件文物，其中包括：各类金、

银、铜、铅、锡等金属器，竹木漆器，
玻璃器，尤以铁器和瓷器数量最多。如
此规模的文物充分展现了宋元时期繁荣
的海外贸易景象。

造船和航海技术的进步

造船技术的进步，让宋朝能够生产
出航行速度更快、载重量更大、更安全
的船只。这些船只不仅载重量大，而且
船体坚固、结构良好，质量远超世界同
时期其他国家的船只。

除了造船技术进步外，宋朝的航海
技术也取得了较大发展。当时的海员已
经能熟练利用洋流季风来出海和返航。
大多数舟师都能通晓地理，懂得观星观
日辨别方向。

在航行安全性方面，宋代的一些船
只中还有水密隔舱和航海罗盘。水密隔
舱主要是通过将船只分隔成若干密闭空
间，从而防止因一舱出现问题影响其他
船舱。航海罗盘则是将指南针穿在灯芯
草上，浮于水面，然后再将这种浮针装
在有方位刻度的罗盘中而制造成的。

宋代航海技术的发展，在中国古代

世界同期历史

法国

公元12世纪—13世纪

法国东北部香槟地区开始常年举行
贸易集市。作为欧洲最大的贸易集市，
在这里可以看到欧洲各地的商人以及各
种各样的交易商品。

亚洲、欧洲、非洲

公元13世纪—15世纪

阿拉伯人的航海技术得到新的发
展，他们利用航海技术广泛开展海外贸
易。中国的丝绸、瓷器正是通过阿拉伯
商人之手运到欧洲和非洲的。

欧洲

约公元13世纪下半叶

北德意志商人为了对抗强盗和海
盗，结成"汉莎同盟"。

伴随着同盟不断壮大，他们在北欧
和西欧获得了许多商业特权，进而发展
成为德意志商人维护其共同利益的贸易
组织。

航海技术史上具有重要意义。指南针在航海中的应用，为海外贸易发展提供了更为安全可靠的保障。

"三大发明"的发展

宋元时期，科学技术取得迅猛发展。我国四大发明中的三个都是在这一时期发展成熟的。

北宋以前，雕版印刷术是主要的印刷手段。由于雕版印刷费时费力，又不易保存，所以在使用过程中出现了许多问题。到了北宋时期，毕昇将黏土做成陶活字，用来排版印刷，发明了活字印刷术。活字印刷不仅活字制作简单，可以重复使用，而且占用空间小，储存也方便，基本解决了雕版印刷存在的问题。

宋人周必大在毕昇技术的基础上，将排版的铁板改为铜板，提高了排版的效率。但由于铜板的价格比铁板贵，所以此种方法在造价上要更贵一些。

元代的王祯发明了木活字印刷。他曾在一个月时间里，用自己的木活字将一部六万多字的书印了一百多部。

在发明木活字的同时，他还发明了转轮排字架。所有木活字都按一定规律摆在轮盘中，在使用时，只需要一个人念原稿，一个人转轮盘拣字，大大提高了排版的效率。

隋唐时期，指南针主要被用于风水堪舆中。到了宋朝时期，指南针才真正发展成熟，并被大规模运用于航海实践中。也正是在海外贸易过程中，指南针逐渐传到世界各地。

火药的发明来源于古代的炼丹术，最早于唐朝末年开始被运用到战争中。到了宋元时期，火药开始被制成各种武器，应用于战场之中。

◎ 罗盘

宋朝时出现了明确的黑火药配方记载；同时还出现了带燃烧性火药的弓箭、火炮，竹制的管形火器"火枪"和"火筒"等武器。在民间，火药则被广泛应用于烟花爆竹之中。

元代火药武器得到进一步发展，金属管形武器"铜铳"的出现大大提高了蒙古军的作战能力。蒙古军在欧亚大陆驰骋时，就使用了这种武器，而火药技术也正是在这个时期被带到阿拉伯国家的。

意大利

约公元14世纪

意大利人发明了新的商业技术，来管理自己的海外投资和商业网点。这些新技术主要有借贷记账法、海事险、提单等。

◎ 活字印刷

◎ 欧洲的雕版印刷

灿烂的宋元文化

名人著作

宋元时期在科学文化方面涌现出了许多名家，其中较为著名的是司马光、沈括和郭守敬。

司马光作为北宋时期的四朝元老，其最主要成就莫过于主持编写了我国最大的一部编年体史书《资治通鉴》。

《资治通鉴》上起周威烈王二十三年（公元前 403 年），下迄五代周显德六年（公元 959 年）的历史。在记录历史时，司马光将重大历史事件的前因后果和各方原因广泛联结，让读者对史实发展看得清清楚楚。

历史是一面镜子，司马光编纂此书，就是为了让当世帝王能够鉴往知来，将国家治理好。但对于当时的北宋统治者来说，这部书似乎并没有起到太大作用。

司马光的《资治通鉴》并没有影响到当世帝王，但沈括的《梦溪笔谈》却影响了后世的许多人。

沈括可以说是中国科学史上最多才多艺的一个人才，在文学、天文、科学、音乐、医药、数学等方面皆有论著。在其众多著作中，《梦溪笔谈》是最为后人所重视的，被称为"中国科学史的里程碑"。

作为沈括晚年总结性的著作，《梦溪笔谈》中包括了沈括一生所学知识的精华。其中：既有流星和陨石的记载，又有指南针的应用方法；既有化石的记载，又有"石油"一词的使用。其所涉知识之宽广、内容之丰富，是绝大多数著作难以匹敌的。

相比于沈括的"全面发展"，郭守敬则在天文学领域做到了极致。其所主持创制的《授时历》不仅计算简单，精确度也非常高。明朝时期颁行的《大统历》也基本沿袭了《授时历》。

除了创制新历外，郭守敬还受命进行了全国范围的天文观测和"四海测验"。在"四海测验"中，其在南海的测量点就定在今天的黄岩岛上。

书法与绘画

宋元时期的书法艺术在继承"晋唐传统"的基础上，又有所发展和演化。

北宋时期涌现出了苏轼、黄庭坚、米芾、蔡襄四位有名的书法家。他们开创的一代书风，对后世造成了深远影响。

苏轼不仅在古文、诗词方面造诣颇深，在书画方面也是颇有成就。其书法风格深厚朴茂、线条中厚、力出字外，以楷书《醉翁亭记》和行书《赤壁赋》《黄州寒食诗帖》最为知名。其中的《黄州寒食诗帖》更与王羲之的《兰亭序》、颜真卿的《祭侄文稿》并称为"天下三大行书"。

黄庭坚是宋代的草书大家。其草书取法怀素、高闲，结构变化多端，章法行云流水。其中以《李白忆旧游诗卷》和《诸上座帖》较为著名。

米芾其人，多才多艺，能文、擅书画、懂收藏、精鉴赏，尤以书画成就最高。其传世作品较多，以《蜀素帖》《苕溪诗帖》《珊瑚帖》《方圆庵记》较为有名。

世界同期历史

欧洲

约公元11世纪下半叶—12世纪

欧洲人开始将大量希腊文和阿拉伯语著作翻译成拉丁语，所涉范围包括了法学、医学、哲学和神学。

这对传播古希腊、拜占庭文化有重要作用，影响了其后的文艺复兴运动。

公元12世纪—13世纪

中世纪最流行的文学体裁骑士传奇出现，著名宫廷诗人克雷蒂安写的亚瑟王及其骑士们的故事就是其中的代表。

东亚

公元1001—1008年

平安时代贵族女作家紫式部创作《源氏物语》，被认为是世界上最古老的长篇小说。

其主要展现了以源氏家族为中心的社会风貌，在一定程度上折射了平安时代日本社会各阶层的面貌。

　　蔡襄的书法犹如其人，浑厚端庄，自成一体，较为有名的作品有《自书诗帖》《谢赐御书诗表》等。

　　"宋四家"的出现标志着宋代书法艺术达到顶峰。在这些名家之后，宋徽宗赵佶、宋高宗赵构、蔡京、陆游等人在书法方面也取得了一定成就。到了元代，书法艺术的集大成者则是赵孟頫。

　　宋代末期，"晋唐传统"逐渐被抛弃，书风也每况愈下。赵孟頫凭借自己在书画领域的独到造诣，在元代书坛掀起了一场复古风气，使"晋唐传统"重新成为书法艺术的主流。

　　赵孟頫的传世佳作很多，其中既有楷书《妙严寺记》《胆巴碑》，又有小楷《道德经》和行书《洛神赋》。

　　在绘画方面，宋元时期，中国古代的绘画艺术发展到顶峰。

　　宋代商品经济繁荣，民族间经济文化交流频繁，绘画题材和风格变得多种多样。北宋张择端所画《清明上河图》描绘了北宋都城的繁华景象，是这一时期绘画的代表作品。

　　元代绘画更重视主观表意，水墨山水、花鸟竹石画较为盛行。文人绘画的发展在这一时期出现高潮。在众多绘画名家中，赵孟頫、黄公望等人对后世的影响较为深远。

宋词与元曲

　　北宋前期，柳永发展了长调的体制，丰富了词的创作方法，有效扩大了词的境界，对宋词继续发展起到了巨大作用。

　　北宋中期，苏轼开创豪放词派，丰富了词的表现手法，将爱国主题和渴求建功立业的思想寄寓在词作之中。经过苏轼的改革与创新，词在文学史上的地位得到了极大提高。

　　北宋末年，词人们大多经历了较大的社会变革，所以在词作和词风上也出现较大变化。这一时期的词作更贴近现实生活，情感则更加忧愤沉郁。

　　李清照独创"易安体"，其词自成一家，词风朴素，手法细腻，雅俗共赏。她自己更成为宋词婉约派的一代词宗，对宋词发展作出了重要贡献。

南宋时期，辛弃疾、陆游等人发展了豪放派词风，将宋词创作带入空前繁荣时期。

辛弃疾延续着苏轼在词作上的创新，进一步扩大了词的内涵。他创作的词气势雄壮，蕴含着坚定不移的爱国情感，深深影响了其后的宋词创作者。

到了南宋晚期，由于各种原因，创作宋词的人越来越少。宋词也逐渐走向衰败，被元曲取代。

元曲可以分为散曲和杂剧两类。散曲是广义上的诗歌；杂剧则是用于舞台表演的剧本，主要内容是角色的唱词、道白和动作等。

元曲的题材相对广泛，语言生动，风格清新，手法多变。元曲名家们多用自己的作品揭露社会现实，赞颂美好爱情，抒发真挚情感。

在众多名家中，关汉卿、白朴、马致远、郑光祖被称为"元曲四大家"。关汉卿的《窦娥冤》、白朴的《墙头马上》、马致远的《汉宫秋》、郑光祖的《倩女离魂》、王实甫的《西厢记》都是元曲中的优秀代表作品。

宋元文化上承隋唐，下启明清，是中国文化发展史上的又一高峰。

法国

公元1100年

现存最早、最杰出的古法语史诗《罗兰之歌》问世。

非洲

公元13世纪—16世纪

津巴布韦文化繁荣，石头建筑是其典型文化特点。在考古发掘中还发现了防御工事、塔状建筑和排水系统。

意大利

约公元1308—1321年

意大利诗人、散文家、政治思想家但丁完成《神曲》。其在书中讲述了自己游历地狱、炼狱和天堂的见闻，表达出宗教中关于人的思考。

公元1337年

意大利文艺复兴艺术先驱乔托去世。其被誉为"欧洲绘画之父"，代表作为《圣母登极》。

元朝的崩溃

在消灭南宋之后，元朝统治者并没有停下脚步。在东征西讨的过程中，元朝内部的矛盾也变得越来越尖锐。

战争加重了元朝的社会经济负担，元朝廷只得想尽各种办法来增加国家收入。由于吏治腐败，一些积极举措逐渐演变成了横征暴敛，不仅人民经济负担加重，整个社会的经济发展也受到严重影响。

元朝统治阶级内乱

公元 1294 年，忽必烈去世，元成宗铁穆耳即位。在即位后，元成宗大力整顿军政，停止战争，部分减轻税赋，暂时缓和了社会矛盾。

在元成宗统治时期，元朝迎来了短暂的和平稳定时期。但好景不长，统治阶级间的内斗又将元朝拉入混乱的深渊之中。

◎ 流民

世界同期历史

公元 1323 年，铁木迭儿的义子铁失趁元英宗去上都避暑返回之机，在南坡刺杀了元英宗等人。南坡之变后，元朝又因为皇位纷争发生了多次血腥的政变。

在不断重演的统治阶级内部斗争中，元朝如流星般加速坠落。统治阶级的内乱引发了民众起义。忙于相互争权的统治阶级，只得任由民间起义势力不断壮大。最终，一部分起义军逐渐发展壮大。元朝正是在这种内外忧困的形势下，走向了毁灭。

◎ 攻陷城堡

东亚

公元1318—1333年

后醍醐天皇即位后，掀起"倒幕运动"，在经历"正中之变"和"元弘之乱"后，"倒幕运动"是此起彼伏。

最终，在各地豪族的协助下，北条氏政权彻底瓦解，镰仓幕府灭亡。日本由此进入南北朝时期。

印度

公元1320—1413年

卡尔吉王朝最后一任苏丹遇刺身亡。加兹·图格鲁克创建图格鲁克王朝，取代卡尔吉王朝在德里苏丹国的统治。

英国、法国

公元1337—1453年

英法两国在阿奎丹地区和佛兰德地区利益冲突加剧，随之爆发了持续近百年的战争。

英法百年战争在给两国人民带来深重灾难的同时，也促进了西欧军事技术的变革。

元末农民起义

元末农民起义最早发生在颍上，由于全体起义军都头裹红巾，所以被称为"红巾军"。这支由韩山童和刘福通率领的起义军最初人数并不多。由于百姓早已无法忍受元朝的统治，所以纷纷加入起义军。

红巾军每攻下一座城镇，都会开仓放粮、赈济灾民。这一举措进一步赢得了劳苦百姓的拥戴，越来越多的人开始加入起义军。很快，红巾军的队伍就迅速发展到了几十万人。

公元 1355 年，刘福通率领红巾军攻占亳州。他将韩林儿立为"小明王"，建立"大宋"政权。一个与元朝相抗衡的农民政权由此诞生，越来越多的人开始加入起义队伍。

此后，刘福通开始向北进军。在进军过程中，刘福通十分注重团结其他的农民起义军，并将他们编入"大宋"政权队伍中。由此，在北方地区取得了许多进展。

公元 1357 年，刘福通派出的三路大军有得有失。刘福通率军攻破汴梁后，红巾军的势力达到鼎盛。

面对如火如荼的农民起义，元朝统治者决定集中一切可以集合的力量，展开全面镇压。红巾军成为元军进攻的首要目标。在经过一番鏖战后，山东地区的红巾军基本遭到镇压。

元朝的灭亡

朱元璋最初在红巾军中并不算显眼，但因其善交际、懂文墨、够义气，很快便在军中混出了名堂。不仅获得了统帅郭子兴的信任，还结识了许多优秀的文人武将。这些都成为其日后一步步走向帝位的重要因素。

郭子兴死后，韩林儿任命郭天叙为都元帅，朱元璋为左副元帅。虽然朱元璋的职位比郭天叙低，但由于军中将领士兵与朱元璋关系甚密，所以这时的朱元璋已经成为这支部队的实际统帅。

公元 1363 年，朱元璋在鄱阳湖水战中击败陈友谅，除掉了自己前进路上的一块绊脚石。公元 1364 年，朱元璋被推举为吴王，与张士诚形成对峙局面。

公元 1366 年，朱元璋与张士诚展开决战。最终在平江战役中，俘虏张士诚，消灭了另一个与自己争夺天下的对手。

公元 1367 年，朱元璋命徐达、常遇春率军北伐。仅一年的时间，北伐军便进逼北京，彻底结束了元朝的统治。

法国

公元1358年

英法战争中，法军在普瓦提埃战役中败给英国，国王遭到俘虏。法兰西贵族为了维持自己的地位，开始向民众加征税金，激化了贵族与农民的矛盾。

公元 1358 年，法兰西北部开始发生农民暴动，随后全国各地暴动频发。由于农民暴动缺乏实际的组织，在法兰西贵族的血腥镇压下，农民暴动很快就被平息了。

第七章

统一多民族国家的巩固
和社会的危机

　　明清时期是我国历史的重要发展阶段。在这一时期，中国封建社会的中央集权统治达到了前所未有的高度，封建经济和文化也获得进一步发展。与此同时，这一时期也是中国封建社会的重要转型时期，一系列举措对后世中国产生了深远影响，大大影响了中国历史发展的进程。伴随着清末帝国主义入侵，中国开始经历深重的痛苦屈辱。

明朝的统治

在称帝后，朱元璋采取了一系列举措来加强中央集权统治。为了巩固皇室权力，他分封自己的儿子们成为藩王，执掌地方兵权。

除了军事方面，朱元璋还在政治、经济等方面采取了一系列举措，促进社会经济的发展，维护明政权的稳固。其所创制的许多典章制度都成为此后各个时期的重要制度，为明朝三百年的社会发展打下了坚实基础。

◎ 明太祖朱元璋

明太祖改革

在政治方面，朱元璋对官僚机构进行了改革。在中央，主要是废除了中书省，不再设立丞相。其目的是加强皇权，防止宰相专权。

设立锦衣卫是朱元璋加强皇权的另一重要举措。作为一个监察官员行为的军事特务机构，锦衣卫主要负责侦察、缉捕、审判、处置罪犯等事宜。其就相当于皇帝手下的情报机构，专门替皇帝监视、处置群臣。

当然，随着锦衣卫权力的不断膨胀，越来越多的冤假错案被人为制造。朱元璋通过废除锦衣卫的一些特权及时遏制了这一情况。

在地方，朱元璋废除了行省制度，改设承宣布政使司、都指挥使司和提刑按察使司。三司互不隶属，各自直属朝廷。这样可以有效防止地方专权，威胁中央集权统治。

与其他朝代相比，明朝初年改革有一个独特之处，那就是对贪官的惩处。无论是在朝廷，还是在地方，只要有人贪赃枉法，都将会受到极为严厉的处罚。

在打击贪官的过程中，朱元璋制定并颁布了《大诰》和《醒贪简要录》。《大诰》中记录了朱元璋亲自审问、断案的案例，同时还记录着一些具体的惩治贪官的措施。这些内容不仅可以作为各级官员判案的依据，也可以对各级官员起到警示提醒作用。

在经济方面，朱元璋主要采取轻徭薄赋、与民休息的政策，注重兴修水利，发展农业生产。一系列举措促使明初经济发展逐渐摆脱衰颓，明朝的统治也逐渐趋于稳定。

◎ 朝鲜太祖李成桂

世界同期历史

东亚

公元1392年

李成桂建立朝鲜王朝（李氏朝鲜），首都初在开京，后迁汉城。对外消除倭患，与明朝保持友好往来。

公元1336—1573年

室町幕府建立。自应仁之乱后，幕府权威逐渐衰落，最终日本进入战国时代。

在战国之乱中胜出的织田信长开创了安土桃山时代。伴随着织田信长的离世，丰臣秀吉人致完成日本统一。在丰臣秀吉去世后，日本再次陷入混乱，这一次日本的权柄落在了德川家康手中。

印度

公元1320—1526年

德里苏丹国在历经图格鲁克王朝、赛义德王朝、洛迪王朝后，为莫卧儿王朝所灭。

靖难之役

公元 1392 年，太子朱标因病去世。朱元璋立朱标嫡子朱允炆为皇太孙。公元 1398 年，朱元璋去世，朱允炆登基称帝。

年少的建文帝在即位后，进行了一系列改革，增强了文官在朝中的地位，同时改变了太祖时期的一些弊政，在一定程度上维护了明王朝的统治。

帮助建文帝谋划新政的是三位正直敢为的儒家学者齐泰、黄子澄和方孝孺。他们学富五车、满怀理想，但却大多埋首故纸堆，缺少实践经验，以至于一些政策在实施时引发了灾难性的后果。其中，影响最为深远的一个举措就是"削藩"。

在削藩顺序上，齐泰主张先从势力较强的燕王朱棣下手；黄子澄则认为燕王有功无过，应该先从那些有问题的亲王下手。建文帝采纳了黄子澄的建议，先后废掉了五位亲王。

建文帝的削藩之举激化了朝廷与地方的矛盾，藩镇开始与朝廷决裂。这时，没有遭到削弱的燕王朱棣自然成为地方诸王之首，由此燕王朱棣与建文帝之间的对决正式拉开。

在"装疯卖傻"被发觉后，燕王朱棣起兵控制了北平城。在起兵时，朱棣援引《皇明祖训》称建文帝身边的齐泰和黄子澄是谋害皇族的奸臣，自己起兵是为了"清君侧"，是为国"靖难"。不管朱棣的内心是否真这样想，但至少这一口号算是让他师出有名了。

由于燕王朱棣战功卓著，明太祖朱元璋在分封藩王时，曾特许其自行裁决军中小事，只有大事才需要上报朝廷。这便使得朱棣的势力不断扩大，最终发

◎ 建文帝朱允炆

展成为可以与朝廷抗衡的地方割据。

　　另一方面，由于朱元璋在晚年诛杀了许多名将，使得燕王朱棣起兵反叛时，建文帝身边出现无将可用的局面。耿炳文和李景隆接连大败之后，燕王军已经胜券在握。

　　在建文帝"毋使朕有杀叔父名"的告诫下，朝廷军队数次眼睁睁看着燕王单骑殿后而无可奈何。即使取得了东昌之战的胜利，战场上的形势依然没有发生转变。

　　公元 1402 年，燕军攻入京师，建文帝在皇宫放火后不知所踪。靖难之役宣告结束。朱棣登基称帝，是为明成祖。

◎ 德里苏丹国遗迹

西非

公元15世纪—16世纪

　　桑尼·阿里建立桑海帝国，其疆域远超同时期的加纳王国和马里帝国，一度成为西苏丹地区的霸主。但在 16 世纪末时衰落，被摩洛哥人灭亡。

中美洲

公元1428—1521年

　　阿兹特克人在墨西哥中南部建立了一个幅员辽阔的阿兹特克帝国。

　　1521 年，在西班牙人的进攻下，阿兹特克帝国灭亡。

南美洲

公元1438—1572年

　　在西班牙人入侵前，印加帝国疆域辽阔，并拥有发达的政治军事组织。

　　1553 年，西班牙人利用印加帝国内部矛盾，入侵了整个帝国，并在此后逐渐确立统治。

221

北京城的建设

北京城的发展历史向前可以追溯到三千多年前的西周燕都，再晚是唐代的幽州城、元代的大都，以及明清时代的北京城。今天北京城的核心区域正是从明清时代的北京城发展而来的。

明成祖迁都北京

朱棣在登基称帝后，做了几件影响深远的大事，其中一件就是迁都北京。

关于朱棣迁都的原因，历史研究众说纷纭，但总结起来主要有两个方面。

一个方面是因为北方少数民族众多，时刻威胁着明王朝的统治，迁都北方有利于社会发展。北京由于是朱棣的藩地，又靠近势力较强的瓦剌和鞑靼，所以成了朱棣迁都的首选地。

另一方面是因为在"靖难之役"后，朱棣曾大肆诛杀反抗自己的建文帝支持者，这些人大多是江南士族。朱棣这种大开杀戒的做法，让其在江南地区结怨太

◎ 北京故宫

深，所以他打算迁都北京，回到自己地盘去重建政权。

虽然这两方面迁都理由很充分，但由于北京城经过元末战火毁坏严重，同时由于距离江南较远，钱粮物资需要从江南运输多有不便，所以有不少朝臣都反对迁都。

但对于朱棣本人来说，南京这个地方，真是一刻都不想再待下去了。从永乐七年开始，他便留下太子在南京监国，自己跑回北京"远程指挥"。所以，当时的南京虽然仍然是首都，却已失去了

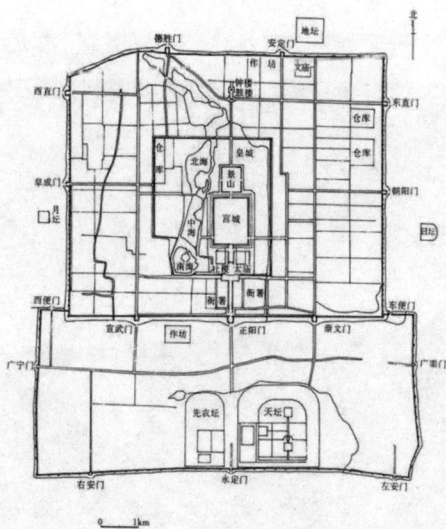

◎ 北京城旧图

世界同期历史

英国

公元1381年

英国埃塞克斯郡和肯特郡农民起义，随后手工业者和城市贫民也加入其中。虽然起义以失败告终，但却终止了人头税的征收。

公元1600年

英国东印度公司成立，早期主要从事垄断性贸易，后期逐渐参与政治活动。印度沦为英国殖民地后，成为英国政府在印度的代理人。

欧洲

公元14世纪末—15世纪初

意大利地区各国间开始设立使领馆，并派驻大使。大使主要负责对外联络、谈判及刺探情报。

约公元1446年

文艺复兴时期杰出的建筑家布鲁内莱斯基去世。其在世时设计建造了佛罗伦萨大教堂的巨大穹顶，同时设计建筑

其真正的功能。

即使迁都后，关于迁都正确与否的讨论还在持续进行。在出现了"雷击三大殿"这样的奇怪事件后，支持和反对的大臣们跪在午门外冒雨论辩，朱棣则在城楼上独自思虑。思来想去之后，朱棣也没有改变自己迁都的主张。

北京城的建设

公元 1406 年，明成祖朱棣下诏兴建北京皇宫和城垣。公元 1420 年，北京皇宫和城垣建成，明成祖下诏正式迁都。

虽然明成祖去世后明仁宗曾着手还都南京，但随着明仁宗的驾崩，还都之事也随之搁浅。北京作为明朝京师就此确定。即使到了清朝，北京也是王朝的统治中心。

现代北京城的核心区域可以追溯到元大都时期。元大都是通过设计规划建造的一座新城。明朝北京城的建设是在元大都这座新城上继续改建的。

从当前资料来看，元大都在建设时进行了十分科学的总体规划。

受命建造元大都的刘秉忠敢于突破旧制，采用了独特的建城方案。他将元大都设计成长方形，从高空俯瞰，整个元大都就像三头六臂的哪吒形象。因此，这种城市建筑形式也被称为"哪吒城"。

到了明朝时，朱棣将北京城的设计任务交给了姚广孝。和尚出身的姚广孝是

◎ 泰姬陵

"靖难之役"的重要功臣。他在设计北京城时，虽然是在元大都基础上进行改建和扩建，但却没有延续"哪吒城"的方案，而是将北京城建成了一座由内城、皇城、宫城、外城构成的四重方城。

整个北京城的建设足足进行了十四年时间。在此期间，朱棣还做了两件重要的事情：一件是迁移人口，一件是疏浚运河。

迁居北京的民众既有无处可居的流民，又有江南的富户和山西的商人。大批民众迁入北京，大大充实了北京的人口。会通河被打通后，南北漕运就此畅通。这样江南的物资钱粮就可以便捷经济地运往北京。

这两项举措解决了迁都北京的财政和人口问题，为迁都铺平了道路。公元1421年，朱棣迁都北京，并封赏了所有参与北京城营建的人员。

◎ 凡尔赛宫

了圣玛利亚教堂和圣斯皮里托教堂。

约公元1520—1590年

"样式主义"成为意大利北部和欧洲中北部地区主要的艺术创作风格。其倡导将夸张和对比的手法运用到极致，追求于不协调中创造独特美感。米开朗琪罗和拉斐尔的后期作品多为此种风格。

美洲、欧洲

公元1590年

巴洛克艺术风格盛行，此风格作品气势恢宏、富于感染力，广泛出现在绘画、雕塑、建筑和文学作品之中。

印度

公元1632年

泰吉·玛哈尔陵（泰姬陵）开建，有近两万名艺术家和工匠参与了这一工程的建设，是莫卧儿帝国时期建筑、雕刻艺术的精华。

明代中外关系

明成祖统治之下的大明王朝，在政治、经济、文化和社会生活等方面都取得了较大发展。除了这些方面，明朝的对外贸易和交往也日益频繁。其中，被人提及最多的便是郑和下西洋。

郑和下西洋

郑和原名马三宝，云南昆阳人，又称三宝太监。洪武时，郑和最初被安排到燕王朱棣府中做宦官。

在"靖难之役"中，郑和因立功受到封赏，"郑"姓就是明成祖朱棣所赐。由此可以看出，朱棣对郑和是相当器重的，以至于将"下西洋"这个重任交给了他。

至于明成祖为何让郑和下西洋，从朱棣的诏书来看，是为了"扬我国威"。而《明史·郑和传》则认为是"成祖疑惠帝亡海外，欲觅踪迹"，也就是为了寻找失踪的建文帝。

从郑和七下西洋来看，"扬我国威"应该是主要任务，寻找建文帝只能算是次要任务。但从深层次原因来分析，郑和下西洋应该还有着发展海外贸易的任务。

值得注意的是，与郑和同一时期，西方的葡萄牙也开始向海洋进军。与中国的"宣扬国威"相比，西方大航海的目的主要是为了寻找黄金，并开拓海外殖民地，获取更多的经济利益。

郑和七下西洋的航线从太平洋到印度洋，一直到达赤道以南的非洲东海岸。这是中国乃至世界航海史上的壮举，大大领先于西方的航海家。

作为一项由国家发起的航海行动，郑和下西洋的船队是一支规模庞大的船队。英国学者李约瑟在分析这一时期的世界历史后，认为"明代海军在历史上可能比任何亚洲国家都出色，甚至同时代的任何欧洲国家，以至所有欧洲国家联合起来，可以说都无法与明代海军匹敌"。

郑和七下西洋不仅起到了"扬我国威"的作用，更是促进了明朝海外贸易的发展，对中国海洋事业，甚至是中华文明产生了深远影响。

万历援朝之役

公元1591年，丰臣秀吉致函朝鲜国王李昖想要"借道"进攻明朝。在被拒绝后，丰臣秀吉在第二年派兵大举进攻朝鲜。一路溃败的朝鲜军队向明朝请求救援，万历朝廷遂派兵入朝救援，由此揭开了第一次万历援朝之役的序幕。

明朝虽然决定出兵增援朝鲜，但由于大军集结需要时间，所以最初只有少量辽东军进入朝鲜作战。

在第一次平壤城之战中，明军与朝鲜军队缺少配合，遭遇大败。在第二次平壤城之战中，李如松率领的明军包围平壤城。在强大的火炮进攻下，日军伤亡惨重，一路退出平壤。在追击日军过程中，双方又在碧蹄馆展开交战。经过惨烈激战，双方皆元气大伤。

公元1593年，日本与明朝展开议和，但由于沈惟敬与小西行长等人的欺瞒蒙

世界同期历史

葡萄牙

公元1415年

葡萄牙人征服北非的休达，开始了对外殖民扩张的历史。

在1500年殖民巴西后，葡萄牙人又控制了马六甲海峡。依靠强大的舰船优势，葡萄牙人建立起鼎盛的远洋贸易殖民帝国。

公元1487年

葡萄牙人迪亚士绕过好望角到达非洲东海岸，开辟了从欧洲到亚洲的海上新航路。

公元1498年

葡萄牙人达·伽马绕过好望角，到达印度。

非洲

公元15世纪中叶—19世纪末

欧洲殖民者开始从撒哈拉以南非洲掳掠贩卖黑人到美洲，由此开始了近四个世纪的奴隶贸易。

骗，和谈最终破裂，进而引发了又一次援朝战争。

1597年2月，丰臣秀吉发动第二次侵朝战争。这一次明朝再次决定援朝抗日。相比于上一次的两败俱伤，这一次中朝联军获得了绝对胜利。

1599年5月，在明军班师回朝后，万历皇帝接受百官朝贺，祭告郊庙，并将祭祖果酒都分给了内阁官员。6月，万历皇帝颁布《平倭诏》，将胜利昭告天下。

戚继光抗倭

谈到明朝与日本的斗争，除了万历援朝战争外，最主要的就是明朝沿海地区的倭患问题。

倭患问题早在明初时期就已存在。明朝建立时，日本正好进入所谓的分裂时期。一些日本割据势力经常支持和勾结海盗商人骚扰劫掠中国沿海地区，大大影响了中国沿海地区人民的生活。

到了嘉靖年间，一些从事非法海上贸易的商人开始组建暴力集团。一些人与倭寇相互勾结，在沿海地区肆意抢劫，严重影响了正常的海外贸易。

明政府曾多次派遣军队剿灭沿海地区的倭寇，其中最有名的就是戚继光和他的戚家军。

戚继光成长于抗倭队伍之中，因作战有功被提调到倭患最为严重的东南沿海地区。戚继光到任后，招募了许多士兵，并对他们进行了精心指导和训练。在戚继光的操练下，一支训练有素的戚家军正式诞生。

为了进一步提升军队的作战能力，戚继光为戚家军配备了火器和各种兵械，同时还创制了长短兵器结合应用的"鸳鸯阵"。依靠灵活机动的特性，鸳鸯阵可以发挥出强大的攻守结合能力。正是在这一

◎ 戚继光

基础上，戚家军在对倭寇的作战中，才能屡战屡胜，有效打击了倭寇势力。

到 1567 年，福建沿海地区的倭寇基本被戚家军肃清。此后，戚继光又被调遣到京城，负责整顿北部边防。1574年，戚继光升左都督。

戚继光在仕途上一路高升，除了依靠自己出色的军事才干外，还得益于内阁首辅张居正的青睐。在张居正逝世后不久，戚继光便遭奸臣弹劾而被罢免，最终在家中凄凉离世。这是戚继光的悲哀，更是大明王朝的悲哀。

开扎衣势
此起手势也
照高管下横
行直进诸势
可变有躲闪
之妙

◎ 戚继光《纪效新书》中的抗倭操练兵法

西班牙

公元1479年

西班牙在占据加那利群岛后，开始对外殖民扩张。通过一系列殖民活动后，西班牙基本占据了除巴西以外的整个南美洲和今墨西哥北部及美国南部。

欧洲、美洲

公元1492年

热那亚人哥伦布在西班牙王室支持下寻找通往印度的海上航路，最终到达了美洲的巴哈马群岛。

到 1501 年，意大利人亚美利哥到达南美大陆，认定了亚欧之间的新大陆美洲。"美洲"之名便来自亚美利哥。

西班牙、葡萄牙

公元1519—1522年

葡萄牙人麦哲伦在西班牙王室的委派下寻找新航路，率船队绕过南美洲南端，进入太平洋。

麦哲伦死后，其船队最终在1522年返回西班牙，实际上完成了人类历史上首次环球航行。

明的崩溃和清的建立

自明太祖朱元璋 1368 年南京称帝，到李自成 1644 年攻入北京，大明王朝在这 200 多年的存续历史中，既经历了初期的盛极一时，又经历了中期的中兴革新，也经历了晚期的党争民变。与其他朝代一样，辉煌一时的大明王朝也在轰轰烈烈的农民起义中走向了灭亡。

"土木堡之变"

如果说找一个时间节点或事件，作为明朝由盛转衰的标志，"土木堡之变"应该是最为合适的。

在明英宗的宠信下，宦官王振专权。这一时期，北方的蒙古瓦剌部日益强大，并不断骚扰。在王振的怂恿下，明英宗决定率军亲征。在迅速集结二十余万大军后，明英宗正式踏上了这条"不归之路"。

在率军达到大同后，得知前线各路明军纷纷溃败。王振及明英宗心有所惧，决定率军返回。在大军刚刚离开大同不久，瓦剌军就攻击了大同。而当明英宗大军达到土木堡时，遭到瓦剌军队的埋伏，两方交战。

瓦剌首领也先假意议和，将明军骗出战壕，随后率数万骑兵向明军冲杀而来。土木堡地区地属平原，明军步兵在瓦剌骑兵的冲击下方寸大乱，一时间土木堡如人间炼狱般吞噬了数不清的生命。

在土木堡之变中，明军损失了大量精锐士兵，大批文臣武将也在此战中殒命。王振死于乱军之中，明英宗则遭到俘虏。土木堡之变由此成为明朝由盛转衰的一个重要转折点。

在土木堡之变后，北京城中乱作一团，一些大臣建议迁都南京，但遭到兵部侍郎于谦驳斥。如果此时迁都，瓦剌军就可以轻取北京城，进而北方大部分地区都可能会因此沦陷，后果不堪想象。

在明代宗朱祁钰继位后，于谦受领兵部尚书，开始积极准备北京城的防务。

瓦剌军进逼北京城下，于谦率领各路明军奋勇抵抗，化解了瓦剌军队的数次进攻，最终大败瓦剌，守住了北京城。

魏忠贤乱政

在土木堡之变后，大明王朝经历弘治中兴和万历中兴，稳定发展了较长一段时期。但在张居正死后，经历东林党争、万历怠政和万历三大征后，大明王朝元气大伤，再次从兴盛转向衰落。

公元 1620 年，明熹宗继位。当时明朝正值忧患之际，南有农民起义，北有后金兵骚扰。继位的熹宗却不顾政事，反而将全部政务委托给了宦官魏忠贤。

魏忠贤手握重权后，开始大肆迫害反对自己的东林党人。"东林六君子"和"东林七贤"相继被害后，朝政进一步败坏。而在这一时期，女真各部首领努尔哈赤趁机攻占了沈阳，夺取了辽东地区。

清除掉与自己作对的东林党人后，魏忠贤在朝中可谓是只手遮天。公元1627 年，明熹宗因病去世，明思宗朱由检继位。

世界同期历史

英国

公元1455—1485年

约克家族与兰开斯特家族展开争夺王位的"玫瑰战争"。最终兰开斯特家族的亨利·都铎获得胜利，由此开启了都铎王朝在英国的统治。

公元1603年

伊丽莎白一世去世后，因无子嗣，王位由苏格兰国王詹姆士六世继承。由此，开始了斯图亚特王朝在英格兰的统治。

印度

约公元1526—1857年

公元 1526 年，莫卧儿帝国建立，后统一整个印度。在第三任皇帝阿克巴统治时期进入全盛，此后经济持续繁荣，疆域也逐步扩张到顶峰。

东亚

约公元1603—1868年

日本进入江户时代，因 1603 年德

明思宗即位后，锐意改革，同时大力清除阉党势力。魏忠贤自缢身亡，阉党专权时代宣告结束。但让明思宗想不到的是，解决了阉党专权，朝中党争又卷土重来。无奈之下，明思宗只得再次信任宦官，约束百官的权力。

到明思宗崇祯统治时，明王朝已经"病入骨髓"，无力回天。在李自成攻入北京城后，崇祯皇帝在煤山自缢。虽然明朝南方势力尚存，并建立了许多政权，但此时的大明王朝已经名存实亡了。

努尔哈赤称汗建后金

公元1616年，努尔哈赤在赫图阿拉称汗，建立后金；并在两年后，以"七大恨"为由正式向大明王朝宣战。

公元1619年，努尔哈赤在萨尔浒之战中击败明朝、朝鲜联军，彻底改变了辽东地区的战略格局。此战本是明军发起的力图消灭努尔哈赤的一场大战，却被努尔哈赤挫败。此后，明朝军力、财政大损，再也无力发动大规模战争。

一路高歌猛进的努尔哈赤以为明军再也无力在关外与自己对抗，便冒进突击原本略过的宁远城。未曾想被初经战阵的袁崇焕用红夷大炮击伤。本就伤病满身的努尔哈赤，在这一惨败后殒命身亡。

皇太极称帝建大清

公元1626年，努尔哈赤逝世后，皇太极被推举为大汗。说为"推举"，实则是进行了一番明争暗斗。这种皇子夺嫡的戏码在此后的清朝历史中常有发生，其过程多是颇为惨烈。

皇太极在位期间，针对努尔哈赤时期出现的一些问题，进行了集中整顿。他还完善了蒙古八旗和汉军八旗，设立理藩院来管理蒙古等地区事务。在皇太极的治理下，后金的实力进一步得到增强。

公元1634年，皇太极改沈阳为盛京；公元1635年，皇太极改族名为满洲，后通称满族；公元1636年，皇太极在盛京称帝，改国号为清。

皇太极认为必须先切断明军的臂膀。在征服朝鲜后，皇太极又设法赢得了蒙古诸部的支持和效忠，随后又在松锦之战中收降祖大寿。而且皇太极早已用反间计除掉了袁崇焕。至此，明朝关外的堡垒基本被攻破，山海关及长城沿线成为明王朝最后的堡垒。

顺治入关，迁都北京

公元 1643 年，皇太极病逝。其第九子福临继位，即顺治帝。福临能够接过皇太极的皇位，其实是各方势力博弈的结果。但不得不说，在这一方面，福临的运气还是很不错的。

年幼的福临登基成为皇帝，但在很长一段时间里，大清的实权都掌握在摄政王多尔衮手中。在顺治登基称帝后，李自成率先攻破北京城，灭亡了大明王朝。面对近在咫尺的胜利果实，多尔衮自然不会拱手让给李自成。

在招降吴三桂后，清军在一片石战役中成功击败李自成军。李自成率军退回山西，多尔衮则将顺治帝迎入关内。

随后，顺治帝在南郊祭告天地，再举行了入关后的登基大典，颁诏天下。

明王朝灭亡后，马士英等拥立福王在南京称帝，南明政权建立。但此时，天下大势已经完全倾向大清，无论是李自成、张献忠，还是南明小朝廷，都难以对大清王朝造成实质威胁。

川家康建立幕府，因此又被称为"德川时代"。

这一时期日本经济持续发展，江户也发展成为一个繁荣的大都市。此后，在农民起义和武士骚乱中，德川幕府陷入危机。

欧洲

公元1618—1648年

欧洲爆发"三十年战争"，许多欧洲国家参与其中，对欧洲造成巨大破坏。

君主集权的强化

清军入关后，除了要进一步出兵剿灭残余的反抗势力，实现全国统一外，另一项需要重视的工作就是建章立制，加强中央集权统治。

改革官僚机构

在清朝建立初期，中央机构的设置大体采用明朝的制度，设置了内阁和六部，保留了议政王大臣会议。但随着君主集权强化的需要，清朝统治者又对这些机构进行了调整和改革。

顺治时期，在官员任职上实行满汉复职制，借此来拉拢汉族官吏。在顺治亲政后，还着手削弱了议政王大臣会议的权力，禁止贝勒领有各旗。

康熙时期，设立了南书房。这里最初只是康熙与翰林院学士们探讨学问所在。但为了将国家大权牢牢掌握在自己手中，康熙决定以南书房为核心，架构一个机要机构，以此来削弱议政王大臣会议的权力。由此，南书房开始成为康熙的"人才智库"和"御用机要秘书机构"。

除了南书房外，康熙皇帝还创制了奏折制度。奏折也称密折，是清代高级官员向皇帝陈奏公私事务时经常使用的重要文书。这种文书经过皇帝亲自批阅后，返回具奏人贯彻执行。这一制度大大加强了皇帝对官僚机构的控制，同时也拓展了皇帝获取信息的渠道。

雍正时期，清朝的君主专制统治得到进一步强化。八旗旗主贝勒彻底失去管理旗务的权力，只能管理自己的包衣。

同时，雍正设立了军机处，其成员由皇帝选派的满族和汉族大臣共同组成。军机处成立后，南书房便不再承担撰写密旨的工作，又重新成为一个真正的讨论书画文学的地方。

军机处设立后，议政王大臣会议便名存实亡，被剥夺了所有实权。内阁也由此丧失决策权，沦为政府的日常职能部门。自从有了军机处，皇帝的集权统治也达到了从未有过的程度。

从政治到军事，从朝廷到地方，军机处管辖的内容无所不包。以至于三十多位军机章京，两班轮倒，全年无休，大年初一还要当差入值。正是军机处这种高效率的工作，才让大清帝王成为真正的大权独揽的一国之君。

除军机处外，雍正还完善了康熙所创的密折制度：将可上密折的官员范围大为扩大，同时还进一步加强了密折传递的保密举措。

从"九子夺嫡"之争中胜出的雍正，总结了经验教训，创立了秘密立储制度。皇帝在位时便要秘密决定继承人，然后将立储诏书藏在乾清宫的"正大光明"匾后面。当皇帝驾崩后，由大臣取出诏书并进行宣布。

秘密立储制度在一定程度上能够保证皇位交接的平稳，防止出现残酷的皇室内斗。但从其秘密性上看，想要真正做到完全保密还是比较困难的。

得益于前几任皇帝打下的良好基础，乾隆时期的君主专制达到最高峰。名存实亡的议政王大臣会议也在这一时

世界同期历史

英国

公元1653年

克伦威尔解散议会，成为英格兰、苏格兰和爱尔兰的护国公，并开始推行严厉的清教统治。

公元1689年

英国《权利法案》颁布，英国君主立宪制政体由此确立。法案明确规定了议会高于王权的政治原则。

普鲁士

公元1713—1740年

普鲁士国王腓特烈·威廉一世展开一系列改革，大力发展军队建设。这也使得军队成为普鲁士国家的象征。

法国

公元1715年

法国路易十四自称"太阳王"，在其统治期间，建立起至高无上的绝对王权。其统治时期被称为"路易时代"，法国也成为当时欧洲最为强大的国家。

期被彻底取消。

有鉴于明朝后期混乱的朝政，清朝帝王在官僚机构改革方面煞费苦心，其目的就是为了实现"大权独揽"。纵观清朝中晚期历史可以发现，当皇帝无法掌握大权时，清王朝的命运也开始变得动荡不安起来。

文字狱和《四库全书》编撰

为了进一步加强封建君主专制统治，清朝统治者还在思想文化领域进行严格管控。文字狱就是由此而生的。

文字狱始见于南宋，以明清两朝最甚。仅在康雍乾三朝，就有数以百计的人因为文字狱而死。

《四库全书》丰富宏大，堪称中国古代思想文化遗产的总汇。但在编撰过程中，大量图书被查禁、销毁。

为了编撰《四库全书》，乾隆下诏在全国广征历代遗书。通过大规模访求遗书，使当时国家的藏书量得到极大增长，编撰《四库全书》是一次规模空前的整理。

乾隆皇帝看到官民响应号召，感到很高兴。当他发现所献图书，尤其是明清之际的历史著作中有许多"违碍""悖逆"的文字后，这种高兴逐渐转变为不高兴。

◎ 康熙皇帝

◎ 彼得一世

于是，他寓禁于征。有人估计《四库全书》纂修过程中，因为各种罪名遭销毁的图书约有三千种六七万卷。

清王朝统治者加强君主专制统治的举措，在很大程度上维护了清王朝政权的稳固。但与此同时，这些举措也给清王朝后续发展埋下了很多隐患。在康雍乾的盛世繁华之下隐藏的种种祸端，在嘉庆一朝集中爆发。清王朝也由此逐渐落入衰败的深渊，泥足深陷而无法自拔。

俄国

公元1725年

俄国彼得大帝即位后，东征西讨建立起庞大帝国。其在位期间，进行了一系列改革，这些改革举措促使俄国逐渐走向强大。公元1725年，彼得大帝逝世。

◎ 路易十四

◎ 克伦威尔

237

收复台湾和抗击沙俄

　　清康熙初年，以吴三桂为首的平西、靖南、平南三藩借口清廷撤藩起兵造反。三藩之外，广西将军孙延龄、陕西提督王辅臣、台湾郑经等，纷纷起兵响应。一时间，造反的势力达到顶点。

　　面对吴三桂的反叛，清廷内部有大臣提议罢免提议撤藩的大臣，以安抚吴三桂。但康熙帝否决了这一意见，并迅速调集各路兵马，排兵布阵与三藩展开对决。

　　起兵之初，吴三桂一路攻城拔寨，占领了几乎半壁江山。但随着时间的推移，清军逐渐掌握了战局的主动。在相继清除尚可喜和耿精忠势力后，吴三桂也颓势尽显。伴随着吴三桂的病逝，康熙在公元 1681 年彻底平定了三藩之乱。

　　随着三藩相继被平定，康熙开始将目光集中于台湾。在水师提督施琅的进言下，康熙皇帝决定整饬军队，统一台湾。

郑成功收复台湾

　　公元 1646 年，郑芝龙投降清朝，被软禁在北京。其子郑成功不愿投降，继续在东南沿海对抗清军。随着清军的步步紧逼，郑成功在东南沿海的势力范围越来越小。公元 1661 年，郑成功决定收复台湾，以继续对抗清朝。

　　当时的台湾正处在荷兰殖民者统治下。荷兰人用"牛皮租地"的方式骗取信任，随后又用武力侵占台湾。

　　当郑成功率领自己的舰队抵达台湾后，擅长海战的郑成功打算用围城的方法赢得陆地战争。双方僵持近 8 个月后，郑成功得到密报，开始在城外重要据点架设大炮。在一轮轮炮击之下，荷兰人不得不宣告投降。

　　自此，台湾在被外国殖民者侵占 38 年后回归中国。

统一台湾

　　公元 1662 年，郑成功去世。为了争夺统治权，郑氏家族发生内乱。后郑成功长子郑经结束内乱。郑经继位后，仍奉明正朔。

等郑经去世后，郑氏家族再度出现内乱。经过一番争夺，郑克塽掌握大权。此时的他们早已经被内乱折腾得一蹶不振了。

1683 年，施琅在澎湖歼灭刘国轩部队，打出"招降郑氏"的旗号。面对施琅的进攻，已经衰落的郑克塽无力抵抗，只好请降，让施琅进入台湾。

公元 1684 年，清朝设置台湾府，隶属于福建省。公元 1885 年，台湾由府升格为省，刘铭传任台湾省首任巡抚。

雅克萨之战

在成功统一台湾的同时，康熙皇帝开始着手解决另一件让他愤怒不已的事情，这就是沙俄侵入并强占了雅克萨。

明末清初，俄国便频繁侵入我国黑龙江流域。虽然清军几次出兵攻打都取得了胜利，但清军一撤兵，沙俄就又卷土重来，所以这一问题始终没有得到有效解决。

世界同期历史

英国

公元1642—1651年

英国国王与议会间爆发三次内战，史称"英国内战"。在伍斯特战役后，克伦威尔率领的议会势力获得内战胜利。

公元1688—1689年

英国爆发"光荣革命"，英国国王詹姆斯二世的女婿荷兰奥兰治亲王威廉领兵进入英国。

1689 年，议会正式宣布由威廉和其妻子玛丽共同统治英国。

威斯特伐利亚

公元1648年

"三十年战争"交战各方在威斯特伐利亚签署和约，瑞士、荷兰获得独立。主权国家基础上的现代欧洲框架由此确立。

欧洲

公元1686—1721年

为了抵御法国国王路易十四的扩

　　沙俄对黑龙江流域侵扰不断，甚至派兵侵占了雅克萨城。康熙帝在交涉无果的情况下，派彭春会同萨布素率领清军围攻雅克萨城。沙俄侵略军头目托尔布津见清军攻势凶猛，便率军投降，并发誓不再来犯。由此，第一次雅克萨之战以清朝胜利宣告结束。

　　在赶走沙俄军后，清军班师回防。这时托尔布津毁弃承诺，再次率军返回雅克萨，并开始构筑防御工事，打算长期固守。

　　见此情景，康熙派黑龙江将军萨布素再次攻打雅克萨城。第一次攻城未果后，萨布素下令挖掘战壕，围困雅克萨。这一围就围了几个月，城中的沙俄侵略军最后只剩下 66 人。沙俄被迫同意派特使在尼布楚与中国议和。

　　1689 年，中俄双方签订《尼布楚条约》。俄军归还雅克萨，划定中俄东段边界。沙俄在事实上承认了对中国黑龙江地区是非法侵略。

　　作为一场辉煌的胜利，雅克萨之战彰显了清王朝的实力，保卫了主权和领土。在清朝晚期的一系列战争中，衰败的清王朝再也找不到这样的辉煌与底气。

◎ 清军骑兵

◎ 奥斯曼军队

◎ 沙俄骑兵

张，哈布斯堡王朝联合巴伐利亚、萨克森、瑞典、西班牙等成立奥格斯堡同盟。伴随着荷兰及英国的加入，同盟力量进一步扩大。

在"大同盟战争"中，法国的扩张势头得到有效遏制。

非洲

公元17世纪—19世纪

中非地区隆达人建立隆达帝国，在公元1650年开始与葡萄牙人进行贸易。公元1898年后被葡萄牙和比利时瓜分。

奥斯曼土耳其

公元1695—1878年

奥斯曼土耳其与俄国在黑海和巴尔干地区展开一系列战争。最终，俄国获得大片土地，奥斯曼土耳其则加速衰败。

明清经济的发展与"闭关锁国"

随着生产技术及社会生产力水平的发展，明清时期的商品经济得到了较大发展。在自给自足的同时，越来越多的小农经济者将自己生产的产品卖给别人。越来越多的产品让明清时期的商业市场异常繁荣。

除了在当地市场销售，伴随着造船和航海技术的发展，明清时期的对外贸易也呈现出异常繁荣的景象。由于中国产品畅销海外，越来越多的白银开始流入中国。这又进一步促进了对外贸易的发展，商品经济也在这种背景下继续向前发展。

明清经济发展

明清时期的经济发展表现在多个不同的领域。这些领域经济的发展共同促成了商品经济的新发展。

在农业领域，明清时期的农业发展既得益于政策支持，也受益于农业生产技术的发展。

明朝中期，内阁首辅张居正推行"一条鞭法"，来增加政府的财政收入。其规定将原有赋役统一在一起，然后再折算成银两，分摊到田亩上。这样农民就只需要根据田亩的多少来缴纳，让农民可以全身心地投入农业生产中。

清朝前期，清朝统治者先后实行了"更名田"和"摊丁入亩"的政策。"摊丁入亩"一改按人头收税的方式，开始按地收费，有多少地就交多少税。这样一来，地少的贫民可以少缴税，地多的富人则要多缴税。最终，国家的财政收入提高了，贫民的缴税负担却降低了。这也是清朝前期人口规模大增、商品经济繁荣发展的一个重要原因。

◎ 乾隆皇帝

此外，在明清时期，由于海外贸易获得较大发展，许多国外经济作物如玉米、马铃薯、花生等都被引入中国。农作物种植也开始逐渐形成区域化特征，耕地面积不断扩大。总体来看，这一时期的农业正逐渐朝着商品化的方向发展。

在手工业领域，由于农产品产量大幅提高，人们开始有更多闲暇时间投入手工业生产。伴随着手工业生产技术的发展，冶铁、制瓷、纺织等行业都获得了较大发展。

在商业领域，有赖于农业与手工业的兴盛，明清时期商业领域也出现了繁荣景象。这一时期出现了许多商业化城镇，同时还形成了一些区域性的商业中心。大量农产品和手工业产品得以在这些市场中频繁交易，进一步带动了商品经济的发展。

除了商业化城镇外，这一时期还出现了一些较为有名的商帮。其中，尤以晋商和徽商最为出名。同一地区的商人们彼此联结，形成联盟。在追逐个人利益最大化的同时，也构筑起了全国范围

世界同期历史

欧洲

公元15世纪末

由于欧洲羊毛价格居高不下，英国、西班牙等地开始出现以增加牧地为目的的"圈地运动"。

庄园主的圈地运动让许多自耕农失去了土地，却也提高了农业的生产效率。

荷兰

公元1602年

由荷兰人合股的联合东印度公司垄断了从好望角到麦哲伦海峡间的贸易。在荷兰人的舰队击败英国舰队后，荷兰商人可以在印度洋更好地开展贸易活动。

日本

公元1633—1853年

从公元1633年到公元1693年，日本曾先后五次发布禁止对外贸易的法令。一直到公元1853年，美国舰队到达日本港口后，日本幕府才被迫开国。锁国令也从那时起宣告废除。

内的商业网络。

在对外贸易方面，明清时期的中国可谓是世界重要的经济和贸易中心。虽然在海外贸易上遭到其他国家排挤，但中国物美价廉的商品依然受到广泛青睐。大量商品出口，带来了大量白银流入。

但随着海禁政策越来越严格，明清时期的海外贸易受到的限制也越来越多。到了清王朝闭关锁国之时，海外贸易虽未完全中断，但也不再有昔日的辉煌了。

闭关锁国政策

"海禁"是明清时期的一种禁止政策，其主要目的是消灭反叛势力和打击海盗及倭寇。但从实行的根本效果来看，明清的"海禁"也打击了本国的海外贸易和对外交流。

洪武年间的"海禁"主要是禁止沿海地区人民对外通商贸易。其严厉程度甚至达到了"片帆不许入海"的地步。即使是在永乐年间郑和下西洋时，明廷的"海禁"政策依然十分严苛。这在一定程度上影响了明朝的海外贸易。

清朝建立后，延续了明廷的"海禁"政策。明廷施行"海禁"的目的后来更多是消灭沿海倭患，清廷施行"海禁"则是为了消灭沿海地区的反清势力。

在与郑成功的较量中，清廷水师一度处于下风。因此在公元1656年，顺治帝开始颁布禁海令，将东南沿海居民内迁，船只悉数摧毁，以此来孤立反清势力。

到了康熙年间，平定台湾后，内迁居民得以重返沿海故土。清政府也放松了限制举措，允许沿海百姓开展对外贸易。同时还在江浙闽粤设立海关，管理对外贸易。这一时期因为放松了海禁，通常被称为"驰禁"。

◎ 珍妮纺纱机

康熙晚年以后，开始限制通商口岸，针对南洋的贸易被禁止，但在沿海五省的贸易和东洋贸易依然可以进行。乾隆时期，清政府规定"防夷五事"，开始进一步严管对外贸易，闭关政策开始正式形成。嘉庆和道光时期也都颁布了类似规定。

清朝对外实行闭关政策是封建经济的产物。自给自足的小农经济，使人们彼此隔绝，在政治上自然产生闭关自守。闭关政策构筑了隔绝世界的一道墙，起了阻碍作用，严重影响经济文化发展。1840年，英国侵略者用大炮轰开了中国的大门。

◎ 维多利亚女王

英国

公元1694年

英格兰银行建立，在公元1826年以前，基本承担着中央银行的金融管理职能。

公元18世纪60年代—19世纪末

英国发生工业革命，机器大工业开始代替工场手工业。其间，凯伊发明了飞梭，阿克莱特发明了水力纺纱机，哈格里夫斯发明了珍妮纺纱机，瓦特改良了蒸汽机。

一系列工业发明让英国经济迅速发展，成为当时世界首屈一指的帝国。

公元1837—1901年

在维多利亚女王的治理下，英国进入维多利亚时代。

在其统治中期，英国经济繁荣，成为世界工厂。伦敦成为国际金融和文化中心。

245

特点鲜明的明清文化

明清时期作为中国封建社会的最后阶段，其政治、经济、科技、文化的发展都达到了较高水平。在科技文化方面，从明朝初年到清朝初年，中国与世界基本齐头并进。但到了清朝中晚期，中国的文化虽然依然在延续发展，但中国的科学技术却已经落后西方国家一大截。

古典文学高峰

在明清以前，文学创作多以诗词为主。在明清两代，诗词创作虽然也取得了显著成就，但与小说和戏剧相比，其影响还是要小很多。

明清时期，古典小说创作进入成熟阶段，涌现出了许多优秀的小说家和小说。其中，尤以罗贯中的《三国演义》、施耐庵的《水浒传》、吴承恩的《西游记》和曹雪芹的《红楼梦》最为出名。

明清时代的文学作品多反映市井人民的生活特征。文学家在创作时，更多运用了在生活中积累的经验，由此刻画出的人物形象也更为立体、更为丰满。如《西游记》中对孙悟空的刻画，以及《红楼梦》中对贾宝玉、林黛玉的刻画，都十分生动形象。

此外，这一时期我国封建社会进入末期，深刻的社会变革影响着文学创作者的人生观和世界观。他们开始将自己的观点以艺术的手法呈现在文学作品中，从而使文学作品被赋予了深刻的思想内涵和艺术价值。

《水浒传》在描写反对贪官内容的同时，将内涵拔高到人民对封建集权统治反抗的高度。同时，以梁山好汉的悲剧收场，从侧面反映出了封建集权统治对民众的迫害。

由于明清时期，统治者奉行较为严格的"文字狱"政策，控制人们的思想。因此，很多文学创作者采用"借古讽今"的手法，来表达对统治政策的不满。

世界同期历史

科技巨著涌现

在明清以前，我国古代的科学技术曾长期处于世界领先水平。明朝时期，我国总体的科技水平在世界上依然是居于领先的。但到了清朝时，我国的科技发展却出现了停滞，以至于西方通过工业革命将中国甩在了后面。

虽然在明清时期中国的科技发展出现断层，但这一时期还是涌现出了许多科技巨著。

在医学方面，通过总结前代经验，这一时期出现了一些集大成的医学著作。其中，尤以李时珍所著《本草纲目》最为知名。

《本草纲目》全书共 52 卷，分 16 部 60 类，其规模之宏大、内容之丰富、涉及范围之广泛，远超前代所有药物典籍。在划分种类时，李时珍将 1094 种植物药分成了 5 部 30 类。这种分类方法是当时世界上最详细、最科学的分类方法。

《本草纲目》不仅是一部药物学专著，同时也是一部植物学、矿物学和动

欧洲

公元14世纪—16世纪

欧洲文艺复兴运动兴起。除了古典文化的复兴，这一时期的政治、经济和科技也都取得了较大发展。

意大利的佛罗伦萨成为早期文艺复兴的中心，此后文艺复兴逐渐扩展到欧洲的其他地区。

威尼斯

约公元1429年—18世纪

文艺复兴时期，威尼斯画派在威尼斯城兴起。该画派擅长运用光与色彩，作品颜色鲜艳，奠基人为雅各布·贝利尼。

德意志

公元1456年

欧洲第一部用活字印刷术印刷的完整书籍《42 行圣经》问世，也被称为《古登堡圣经》。

物学的重要著作。该书一经刊印便广为流传，现已被翻译成多国文字，获得了广泛传播。

在农学方面，明清时期在农业生产管理和水利灌溉工程等方面取得了较为突出的成就。

徐光启所著《农政全书》不仅总结了我国 17 世纪以前的农业生产知识，同时还将当时介绍欧洲先进水利技术的《泰西水法》中的内容引入书中。《农政全书》较为系统地介绍了我国的农学成就，是我国传统农学史上最优秀的著作之一。

除了在农学领域，徐光启在数学、天文学等方面也取得了突出成就。他与意大利传教士利玛窦合译《几何原本》，将欧

◎ 徐光启

洲数学引入中国。同时，他还组织编制了完备的恒星图，并主持编译了《崇祯历书》。

在工学方面，科学家宋应星编写了介绍我国各种生产技术的著作《天工开物》。该书系统介绍了明末以前农业与手工业生产技术，从简单的机械使用到复杂的工具制造，内容翔实，同时辅有广泛的数据支撑。其内容已经接近了近代科学研究的方法。

《天工开物》中记录了许多当时居于世界前列的工艺手段和科学技法，是我国科学技术史上的重要著作，被誉为"中国 17 世纪的工艺百科全书"。

在地理学方面，明清时期最为突出的成就是《徐霞客游记》的问世。徐霞客经过实地考察，发现了我国西南地区的岩溶地貌。书中对地理、水文、地质、植物等均有详细记录，开中国地理学系统观察、描述自然的新方向。对西南地区地理，提供不少稀有资料。

除了医学、农学、工学和地理学方面的科技成就，明清时期在金属冶炼、矿

山开采和远洋航海方面也取得了一定的成就。但这一时期的科技成就相比于宋元时期，确实要逊色不少。到了清朝中晚期，中国的科学技术更是大大落后于世界了。

戏剧与书画艺术

明清传奇是在宋元南戏基础上发展而成的一种戏曲形式。它产生于元末，流行于明初，到了明嘉靖年间开始兴盛，万历时达到极盛，并一直延续到明末清初。

到了清代，宫廷戏剧沿袭明制，得到了历任帝王的青睐。康熙末年，各地的地方戏蓬勃发展，被称为花部。到了乾隆年间，这些地方戏开始与被称为雅部的昆剧争胜。

乾隆曾多次举行大规模庆典。在庆典期间，各地艺人纷纷进京献艺，戏剧发展进入空前繁荣的阶段。

到乾隆末年，花部压倒雅部，开始占据戏曲舞台的统治地位。这种情况一直延续到鸦片战争前夕。鸦片战争后，京剧艺术发展到鼎盛阶段，我国古典戏曲经过改良运动也发展成为近代戏曲。

戏曲艺术之外，明清时期书画艺术也获得了较大发展。明清书画在中国书画发展史上占据着承前启后的历史地

意大利

公元1513年

意大利文艺复兴晚期政治理论家马基雅维利完成《君主论》。其认为君主必须抛弃传统道德，只有通过欺诈和恐吓，才能真正维护政治统治。

波兰

公元1543年

波兰天文学家哥白尼提出"日心说"理论，对传统天文学、力学和哲学提出了一系列新问题。

英国

公元1576—1642年

英国戏剧发展在这一时期进入"黄金时代"，道德剧、历史剧、喜剧、悲剧层出不穷。一批批优秀剧作家涌现出来，莎士比亚是其中的典型代表。

公元1687年

牛顿发表了《自然哲学的数学原理》，其中总结了伽利略、开普勒和惠更斯等人的研究成果，将天体力学和物体力学统一在一起，是一本划时代的科学巨著。

位。这一时期名家辈出，流派繁多，总体上延续了前代风貌，但同时也多有开拓创新之处。

文化上的繁荣需要政治、经济、科技等多方面的支持。明清时期的文化发展正是得益于前期强大的国力支撑。当西方世界乘着蒸汽机车不断向前冲刺时，清王朝依然在马背上欣赏着自己的万里河山。

◎《天工开物》插图

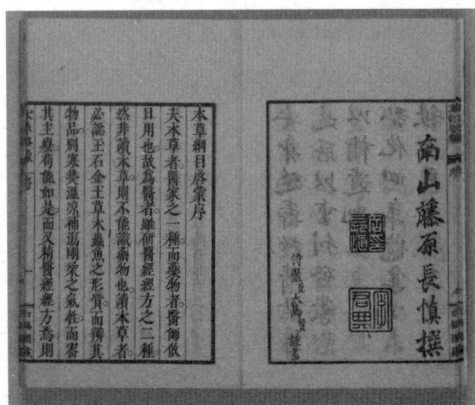
◎ 传入日本的《本草纲目》

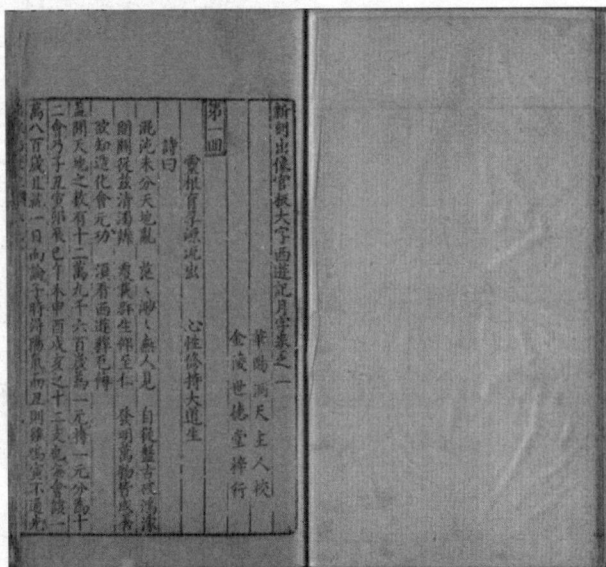
◎《西游记》

◎ 十八世纪的英国科学院

欧洲、美洲

公元17世纪—18世纪

以法国为中心的欧洲，以及美洲地区，掀起了一场思想启蒙运动。

这场运动以文艺复兴时期的人文主义和以牛顿为代表的科学革命为基础，同时也受到了笛卡尔哲学的影响。

其中的主要代表人物有法国的伏尔泰、孟德斯鸠、卢梭，荷兰的斯宾诺莎，英国的洛克、培根等人。

苏格兰

公元1776年

哲学家、经济学家亚当·斯密发表《国民财富的性质和原因的研究》（《国富论》）一书，创立了一个比较完整的政治经济学理论体系。

|第八章|
沉重至极的近代开端

  英国以及法国于 1840 年与 1856 年向中国悍然发动了两次鸦片战争。清王朝"闭关锁国"的大门被西方强盗的坚船利炮攻破,各种丧权辱国的不平等条约相继签订。

  在国内矛盾日益激化、国外帝国主义和殖民势力无情侵略与打击下,备受剥削与屈辱的中国人民发起各种形式的反抗活动。

  19 世纪 60 年代至 90 年代,清政府为了维护统治,掀起了一场"洋务运动"。该运动是中国向近代化迈出第一步的标志。之后是戊戌变法与辛亥革命。经过无数努力与牺牲,最终推翻了统治中国几千年的封建帝制,走上新的发展道路。

第一次鸦片战争

第一次鸦片战争开始于 1840 年 6 月，至 1842 年 8 月，以中国战败签订不平等条约而告终。近代中国人民也由此走上了艰苦卓绝地反抗外国侵略者的道路。

林则徐虎门销烟

鸦片战争开始前，中国正处于闭关锁国状态，周边看似风平浪静，实则危机四伏。

从 18 世纪末开始，英国就向中国输出大量鸦片，1838 年达 4 万余箱。

鸦片的吸食成瘾者在心理和生理上都会受到极大摧残。鸦片的大量输入也造成清朝军队失去战斗力和白银大量外流。雍正、乾隆、嘉庆三朝都曾三令五申严禁输入、贩卖、种植以及吸食。然而受利欲和帝国主义思想驱使的英国人，却用"飞剪船"大肆向中国走私输出鸦片。

1838 年，道光帝责成林则徐前往广东禁烟。

随后，林则徐到达广州。林则徐派人明察暗访，缉拿人犯，先后收缴鸦片两百多万斤。

1839 年 6 月 3 日，林则徐在虎门海滩当众将缴获的鸦片销毁，直至 6 月 25 日才结束。

虎门销烟不仅充分彰显了中国人民反对外敌侵略的坚定意志，还是全

◎ 道光皇帝

世界反毒品运动的重要历史事件。

中英《南京条约》

鸦片被严厉取缔后，英国立即策划发动侵略战争。

1840 年 6 月，懿律率领英国舰队封锁珠江口，第一次鸦片战争正式爆发。英舰队后北上抵达厦门海面，邓廷桢积极指挥防御。英军受挫，转而攻陷防务空虚的浙江定海；然后直逼天津，威胁清政府。道光帝惊恐万分，连忙派直隶总督琦善与英方议和，并将林则徐革职。

◎ 中国瓷器

世界同期历史

英国

公元1836—1848年

英国工人们为获得自己应有权利而掀起了一场工人运动。因为这一运动以《人民宪章》为政治纲领，这一事件又被称为"英国宪章运动"。

意大利

公元1848年

西西里率先爆发起义，国民要求国王赋予自身一部宪法。随后亚平宁半岛上纷纷爆发革命起义。在多方合力镇压下，革命最终以失败告终。

法国

公元1848年

法国爆发二月革命，法兰西第二共和国建立。二月革命推翻了七月王朝，成立了临时政府。

德意志邦联

公元1848年

德意志邦联地区爆发一系列松散革

同年 11 月底，琦善抵达广州。英方代表义律向清政府提出包括重开商埠、赔偿烟价、割地等非法要求。道光帝不接受，双方再次交战。

之后，清军与英军持续交战一年多，结果以清军失败、清政府被迫求和而告终。

1842 年 8 月 29 日，清政府被迫签订了中国近代第一个不平等条约——中英《南京条约》。其主要内容包括：向英国赔偿白银两千一百万两；开放广州、福州、厦门、宁波、上海五处通商口岸，允许英国人居住以及派驻领事；进出口货物税率，中方须同英方商议等。

1843 年 7 月和 10 月，英国为扩大利益，再次逼迫清政府分别签订《五口通商章程》《虎门条约》，以作《南京条约》的补充。

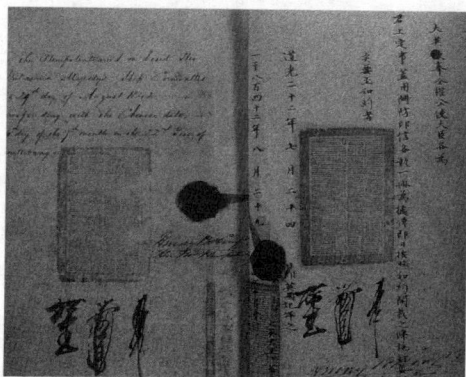

◎《南京条约》签字用印

命。为了逃避保守派的镇压，这一时期有许多人逃亡到美国。

英国

公元1848年

由马克思和恩格斯共同撰写的《共产党宣言》在英国伦敦发表。这是共产主义者同盟的纲领，同时也是国际社会主义运动史上传播最广、影响最大的文献。

◎ 中英签订《南京条约》

第二次鸦片战争

第一次鸦片战争后，攫取巨大利益的强盗们并未感到满足。他们意图继续对中国进行鲸吞蚕食，一场更大的阴谋正在悄然酝酿中。

1854年，英、法、美等国以利益"一体均沾"为借口，向清政府提出修改《南京条约》的交涉，被清政府拒绝。

1856年10月，英国侵略者借口"亚罗号"事件，悍然向广州发起进攻，第二次鸦片战争爆发。次年，法国侵略者以"马神甫事件"为借口，联合英国向中国出兵，加入这场侵华战争。英、法两国的侵略行径得到了俄、美两国的支持。

《天津条约》的签订

1858年，英法联军攻陷大沽炮台，直犯天津。清政府被迫派钦差大臣桂良、花沙纳与俄、美、英、法代表分别签订了丧权辱国的不平等条约——《天津条约》。

《天津条约》的签订，使得他们可以在北京派驻公使；清政府被迫增开了更多的通商口岸；同时，外国的船队也被允许在长江的各口岸自由行驶。

在1958年11月，清政府又在与英、法、美分别签订的《通商章程善后条约》（《天津条约》的补充条款）中承认了鸦片贸易的合法化。中国的经济民生因此受到更为剧烈地破坏，矛盾严重激化。

火烧圆明园

《天津条约》的签订仍没能满足强盗的侵略野心。他们就像永远都吃不饱的饕餮一样，张着血盆大口恨不得把整个中国都吞入腹中。为此，他们处心积虑地寻找制造事端的机会。

1859年6月，英、法、美三国公使率舰队来华换约时，无视清政府指定的换约路线。英法强行闯入天津大沽口。此次，准备充分的清军在科尔沁亲王僧格林沁的指挥下，重创英法联军舰队。败退的英法侵略者贼心不死，以此为借口，于 1860 年 8 月再次联合出兵侵华。美、俄也再次以调停为名，支持英法的侵略行径。

大沽口的胜利，并没有燃起清政府抵御外侮的决心，相反，他们其中的绝大部分人都采取对侵略者妥协的态度。咸丰帝更是给守将僧格林沁下达了"不可仍存先战后和之意"的谕示。

这一次，英法联军几乎没有遇到有效抵抗，长驱直入，于 1860 年 10 月攻

◎ 俄国被迫签订《巴黎条约》

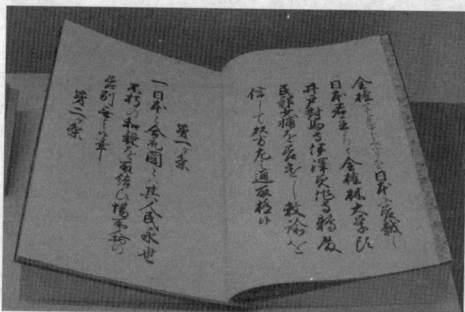
◎《日美亲善条约》

世界同期历史

克里米亚

公元1853—1856年

俄国与英、法、撒丁和奥斯曼土耳其发生了克里米亚战争。俄国想要控制巴尔干半岛，进入地中海。

最终在英、法、撒丁王国的进攻下，俄国战败。1856 年，签订《巴黎条约》。俄国向近东地区扩张的野望被阻断，国内农奴制危机也进一步加深。

日本

公元1852年

美国海军准将马休·佩里率舰队进入浦贺港，要求与德川幕府谈判。

1854 年，日本与美国签订《日美亲善条约》，同意向美国开放下田和箱馆两个港口，并给予美国最惠国待遇。

自此，日本结束锁国时代。

公元1858年

日本分别与美国、荷兰、俄国、英国和法国签订不平等条约，总称为《安政条约》。

进北京。英法侵略者对圆明园等皇家园林进行大肆掠夺，无数珍宝被洗劫一空。这些园林最后更被侵略者付之一炬。有"万园之园"之称的圆明园，在大火中持续焚烧了三天三夜。原本是人类建筑文明瑰宝的皇家园林，就这样被破坏得满目疮痍。侵略者的暴行简直是罄竹难书。

清军战败，咸丰帝逃往承德避暑山庄，命恭亲王奕䜣留京全权负责议和事宜。同年 10 月 24 日，清政府同英国签订了中英《北京条约》；次日，同法国签订了中法《北京条约》；11 月 14 日，清政府同沙俄签订了中俄《北京条约》，割去

中国大片领土。

《北京条约》的签订：使得天津被增开为新的商埠；清政府的赔款额成倍增加。

第二次鸦片战争后，中国人民更加处于水深火热之中，各种社会矛盾愈演愈烈。

◎ 圆明园遗址

这些条约主要涉及增设开放港口，外国人可在港口自由贸易和享有领事裁判权等内容。

意大利

公元1855—1870年

在皮埃蒙特自由派首相加富尔的改革下，意大利的经济获得迅速发展，国力不断增强。1870年，在相继驱除奥地利和法国势力、消灭教皇国后，意大利半岛实现统一。

英国

约公元1859年

达尔文发表《物种起源》，并在该书中提出了进化论，以及"物竞天择，适者生存"的自然选择法则。

洋务运动

　　洋务运动是 19 世纪 60 年代至 90 年代，由封建统治阶级中的洋务派引领的一场企图利用西方资本主义的技术来维护摇摇欲坠的晚清封建统治的运动。这场运动是中国近代史上的标志性事件，它预示着中国的社会性质即将发生重大转变。

洋务运动的背景

　　从背景来看，封建主义呈现出各种弊端：经济落后、政治腐败、科学文化水平低下、社会矛盾加剧等等。

　　两次鸦片战争，侵略者的坚船利炮不仅轰开了清政府闭关锁紧的大门，同时也轰塌了清朝自诩"天朝上国"的美梦。中国的一些有识之士，开始"睁开眼来看世界"。于是，这些人以"自强""求富"为目的，去了解西方、学习西方的科学技术。其中最为著名的代表人物是清代思想家魏源。他在其著作《海国图志》中这样解释"长技"："夷之长技有三：一战舰，二火器，三养兵练兵之法。"

　　此外，太平天国运动与捻军农民起义，都严重动摇了清王朝的统治。

　　面对"内忧外患"的局面，封建统治集团内部逐渐分化出顽固保守势力与洋务派。

　　顽固保守势力在朝廷以同治帝的老师倭仁为代表，主张"以忠信为甲胄，礼义为干橹"来抵御外侮。洋务派以恭亲王奕訢为代表，在地方以曾国藩、李鸿章、左宗棠、张之洞为代表。他们倡导引进西方机器生产和科学技术，最终实现"剿发捻""勤远略"。"剿发捻"就是剿灭国内农民起义；"勤远略"则是加强国防建设，抵御外侮。

　　清政府迫于当时形势，选择暂时支持洋务派的主张。事实上，两派依然都是为了维护封建统治。

◎ 李鸿章

洋务运动的兴起与发展

1861 年 1 月，恭亲王奕䜣会同大学士桂良等，上奏咸丰帝，提出多项洋务主张。其中建议设立"总理各国事务衙门"，简称"总理衙门"。此机构之后成为洋务运动的中央机构，负责处理一切与外交相关的活动，包括向外国购买武器弹药、聘请外国顾问、派遣留学生等。因此，"总理衙门"的设立通常被认为是洋务运动的开端。

◎ 恭亲王奕䜣

世界同期历史

土耳其

公元1839年

土耳其苏丹阿卜杜尔·默哲德一世颁布《御园敕令》。其通过设立法制机构、改革税收和教育制度、实行常备兵役制度等方式进行改革。

法国

公元1852年

拿破仑三世在恢复帝制后，开展了一系列改革。通过改革，法国迎来了近20年的繁荣稳定时期。

俄国

公元1861—1881年

沙皇亚历山大二世颁布废除农奴制法令，并随之进行了一系列改革。

此次改革虽然并不彻底，但却深刻变革了俄国的社会经济基础，成为俄国走向工业化和现代化的重要阶梯。

洋务运动历时 30 多年，大体可分为两个阶段。

第一阶段（19 世纪 60 年代至 70 年代初）以"自强"为旗号，重点在于发展近代军事工业。

恭亲王奕䜣在"总理衙门"成立不久后表示："探源之策，在于自强。自强之术，必先练兵。"而"练兵"不仅要从国外购入先进的武器，同时还要聘请教官来训练军队。

在大量购买武器、船舰的同时，奕䜣等人渐渐意识到：单单靠从国外买入，远不能达到"自强"的目的，唯有自己生产制造才是根本的解决之道。于是"为谋远利"，总理衙门批准曾国藩等人开办兵工厂。

1861 年，曾国藩在安徽创办安庆内军械所，主要生产子弹、火药和炸弹，以供湘军使用。该军械所的研究、技术工作主要由中国科学技术专家华蘅芳、徐寿等人主持，另外还有上百名工人。然而，所内主要采用手工生产。

1862 年 7 月，安庆内军械所制成我国第一台实用蒸汽机。

洋务派另一代表人物李鸿章，在上海和苏州设立了三所洋炮局。其中，一所由英人马格里主持，另外两所分别由丁日昌和韩殿甲主持。

1865 年，江南机器制造总局在上海成立，原上海洋炮局被并入其中。它是中国近代史上第一家大型兵工厂，是中国近代军事工业生产的重要标志。江南制造总局主要生产军火和轮船。

1866 年，时任闽浙总督的左宗棠创办了福州船政局。它是中国近代第一个新式造船工厂，是当时最重要的军舰生产基地。

从 1869 年到 1875 年，福州船政局共造船 15 艘。其中前 4 艘船的轮机购自国外，其余 11 艘船的轮机则产自船政局。

1872 年底，巡洋舰"扬武"号建成。其主功

◎ 江南制造局正在生产

率 1130 马力，是后来福建水师的旗舰，也是中国近代第一艘自制的巡洋舰。

第二阶段（19 世纪 70 年代至 90 年代）以"求富"为旗号，洋务派在发展近代军事工业的同时，还在推动大力兴办近代民用企业，进而辅助军事工业。比较著名的有轮船招商局、开平煤矿、汉阳铁厂以及上海机器织布局等。

洋务派在此过程中，还先后组建了新式陆军和新式海军。清政府建立的新式海军为北洋水师、南洋水师和福建水师三支，其中北洋水师的规模最大。

此外，洋务派还兴办了新式学堂，以培养外交、军事和科技人才，同时派留学生出国深造。

洋务运动的失败

甲午中日战争中，北洋舰队的全军覆没，标志着洋务运动的最终失败。

洋务运动的破产表明，它并不能使中国真正走向富强，其维护封建统治的初衷已经预示着它失败的结局。

不过，洋务运动却促进了先进生产方式在中国的兴起与发展，在客观上对封建生产关系的解体起到了一定的作用。民族工业借势而起也在一定程度上阻止了外国经济势力的恶意扩张，为中国的近代化开辟了新道路。

英国

公元1863年

英国伦敦"大都会线"建成通车，这是世界上第一条地铁。

日本

公元1868年

德川幕府被推翻后，明治政府建立，并在全国实行了全面的改革，史称"明治维新"。

通过明治维新，日本国力在短时间内得到迅速提高，为走上工业化和现代化道路打下了坚实基础。

美国

公元1869年

经过 7 年的修建，太平洋铁路正式竣工。

全长 2900 公里的太平洋铁路，西起加利福尼亚州的萨克拉门托，东到内布拉斯加州的奥马哈，是北美第一条横贯东西的铁路。

有近一万名华工参与了这条铁路的修建，许多华工还为此献出了生命。

中法战争

第二次鸦片战争期间，法国侵略者趁清政府无暇南顾，入侵越南，并使其南部六省沦为殖民地。紧接着又向越南北部扩张，企图以此为跳板，进而侵占中国云南、广西、广东等南部各省，掠夺这里丰富的资源。

中法战争的开始

1883 年 12 月初，法国远东联合舰队司令孤拔，率军向越南山西的中国驻军——黑旗军发起攻击。双方激战数日。最终，装备落后、孤掌难鸣的黑旗军败给了装备精良的法军，山西失守。不过，法军在此役中也是伤亡惨重。

这场战役史称"山西之战"，它标志着中法战争正式开始。

次年 3 月，法军集结更多优势兵力对越南北镇的清军发动攻击。军纪涣散的清军很快就被打得溃不成军，法国侵略者轻而易举地就占领了北镇，紧接着又攻下了越南太原。

◎ 黑旗军士兵

几次战役的连续失败，令清政府极为恼火。1884 年 4 月，慈禧以战局失利为由，将以恭亲王奕䜣为首的军机处大臣全部革职替换，史称"甲申易枢"。

同年 5 月 11 日，清政府派李鸿章为代表，与法国代表福禄诺在天津签订《中法会议简明条约》。

法国更单方面规定了"接防"日期。

6 月 23 日，法军突然到越南北黎地区"接防"。驻扎此处的清军表示，需接到清政府撤军的命令才能答应"接防"。而法军执意前进，强迫清军撤回中国境内。结果双方发生交火，法军被打退。

接下来，法国以北黎冲突为借口，将战火引向中国东南沿海地区。他们一方面与清政府继续谈判；另一方面又在海上集结舰队，趁机入侵福州和基隆。企图在给清政府制造压力的同时，趁机占领中国沿海口岸。

中法海战

公元 1884 年 8 月 5 日，法军企图在基隆强行登陆。清朝督办台湾事务大臣刘铭传率部顽强抵抗，进犯法军最终被驱逐回海上。

8 月 23 日，法军侵入的舰队在马尾港向福建水师发起进攻。未做任何准备的福建水师由于各种原因，在整场战役中几乎都处于被动挨打的境地。最终，包括旗舰"扬武号"在内的多

世界同期历史

德国

公元1871年

在意大利半岛统一后，普鲁士首相俾斯麦对外发动丹麦战争和普奥战争，其目的是统一德意志。

最终，在普奥和普法战争后，德意志南部四邦和北德联邦合并，德意志帝国于 1871 年完成了统一。

法国

公元1871年

普法战争失败后，君主派占多数的国民议会推出了一系列新政，引发主张共和的巴黎市民的不满。

在政府下令解除巴黎国民自卫军武装后，巴黎爆发大规模起义。起义民众击退政府军，建立了自己的政权"巴黎公社"。

巴黎公社建立后出台了一系列民生举措。但在政府军的疯狂镇压下，历时 72 天的巴黎公社起义宣告失败。

艘舰船在此战中沉没，清军阵亡人员更是高达数百。结果可谓是十分惨烈。此役史称"马尾海战"。

8月26日，清政府在法国"先起兵端"的逼迫下，正式向其宣战。

10月，法舰再次进犯基隆，刘铭传根据当时形势，暂弃基隆，改为退守淡水。法军在淡水遭到守军猛烈阻击。他们不仅难以深入，最后还伤亡惨重地溃败至基隆。

1885年2月，久攻台湾不下的法军，企图从海上对台湾实施封锁。结果在镇海之役中，中国军队奋勇还击，使法军头目孤拔受重伤而死。

镇南关大捷

1885年2月，法军攻入中越边境上的镇南关，战火蔓延至中国境内。形势十分危急，两广总督张之洞果断起用老将冯子材。

冯子材赶赴镇南关后，根据前线形势，迅速凝聚民心、团结将领、鼓舞士气、大力整顿军纪、加快修筑工事。在一系列积极有效的措施下，中国军民形成浩大的声势。紧接着，冯子材率军主动出击，成功打乱了法军的侵犯计划。

3月24日，法军趁大雾偷袭镇南关。冯老将军身先士卒，亲自上阵指挥，极大地鼓舞了将士们的士气。他们奋勇反击，顽强抵抗。最后，不仅击溃法军，更重伤法军总司令尼格里，收复谅山；再乘胜追击，将其驱逐至郎甲、船头一带。

镇南关大捷扭转了中法战争的整个战局，法国茹费理内阁因此倒台。这是中法开战以来，我方所取得的最大胜利，它沉重打击了法国侵略者的嚣张气焰。

◎ 张之洞

《中法新约》

虽然在中法战争中先遭受巨大的损伤，但到了战争的后期，中国军民明显处于优势一方。然而清政府却只将这些胜利当作议和的筹码，"乘胜即收"。

公元 1885 年 6 月 9 日，李鸿章在天津与法国公使签订不平等条约——《中法新约》。这一条约的签订，意味着"中法战争"以中国不败而败，法国不胜而胜结束。

◎ 卡尔·马克思

公元1883年

无产阶级革命导师、马克思主义创始人卡尔·马克思逝世，其《1844年经济学哲学手稿》《资本论》等著作对后世产生深远影响。

公元1884年

为协调在瓜分非洲上的矛盾，15国在柏林召开会议，并在次年签订了《柏林会议总决议书》。

德国、奥匈帝国、意大利

公元1882年

第一次世界大战前，德国、奥匈帝国和意大利在维也纳秘密缔结军事同盟条约，三国同盟由此结成。

甲午中日战争

19 世纪中后期，通过明治维新走上资本主义道路的日本"脱亚入欧"——在全面西化的同时，逐渐走上军国主义侵略道路。为了转移国内矛盾，实现称霸世界的野心，日本首先将侵略的魔爪伸向周边国家，并且制定了以侵略中国为核心的"大陆政策"。

1894 年为农历甲午年，日本在美、英、法、德、俄等西方列强的默许与纵容下，发动蓄谋已久的侵华战争，史称"甲午中日战争"。

平壤战役与黄海海战

1894 年 2 月，朝鲜东学教领袖全琫准，领导朝鲜农民发动了一场规模浩大的反对封建统治和外国侵略的农民起义，史称"东学党起义"。

同年 4 月，朝鲜政府请求清政府派兵协助镇压。日本趁机发动蓄谋已久的侵略战争。日军攻占朝鲜王宫，建立傀儡政府。随后，日军舰队在丰岛海域不宣而战，偷袭援朝的清军舰艇。在同一天，日本陆军也向驻守牙山的清军发起进犯。8 月 1 日，中日双方正式宣战。

9 月初，日军向平壤方向推进。而清军在牙山战役中失败后，退至平壤，与其他各路援军集结。

9 月 15 日凌晨，日军按预先制定的"作战大方针"，以三面合围之势向平壤发起总攻。清军心志不齐，主帅叶志超弃城而逃。不过数日，日军就轻而易举地拿下了朝鲜北部要地——平壤。

平壤战役是中日双方宣战后的首次大规模陆上作战，最后以清军大败、日军全胜而告终。

9 月 17 日，日军在鸭绿江口大东沟附近的黄海海域向清军舰队发起进攻。双方激战 5 个小时，各有折损。但日军损失较小，清军则损失严重。"经远号""致远号""扬威号""超勇号"以及"广甲号"沉没。不过，北洋水师主力尚在，并未完全战败。

　　值得一提的是，在此次战役中，中国将士们展现出了中华儿女奋不顾身、英勇无畏、敢与侵略者血战到底的高尚爱国情操。其中，与"致远号"一同殉国的邓世昌，生前常说："人谁不死，但愿死得其所尔。"

　　黄海海战结束后，李鸿章采取"避战保船"的态度，命令北洋舰队退到威海卫。由此，日本全面掌握了黄海制海权。

◎ 邓世昌

世界同期历史

法国

公元1889年

　　"第二国际"诞生，主要由欧美社会主义政党和工会组成。在第一次世界大战爆发后，由于其成员都选择支持各自政府，这一国际组织宣告解体。

日本

公元1889年

　　明治颁布《日本帝国宪法》，规定天皇具有至高无上的权力，同时也规定了臣民的权利和义务。明治维新的诸多成果通过此宪法得以保存，这部宪法也成为日本军国主义发展的原因。

法国、俄国

公元1892年

　　为了对抗德奥意三国同盟，法国和俄国在彼得堡签订军事协定，法俄同盟由此形成。

辽东战役和威海卫战役

黄海海战后，清军从朝鲜全线撤回。清政府意识到战火很快将烧到中国境内，于是加强了辽东地区的防御工事。

1894 年 9 月下旬，日军分左右两翼，向中国辽东半岛大举侵犯。

进攻鸭绿江防线的日军，相继占领了九连城、安东、凤凰城、宽甸等大小城镇。

◎ 丁汝昌

清政府赶忙向此处增兵。经过鏖战，清军暂时阻滞了日军的攻势。

从海上向辽东半岛进犯的日军同期在花园口登陆；随后，日军占领金州，切断了旅顺的后路；接着，日军轻取大连湾；最后，日本侵略军向旅顺进攻。1894 年 11 月 22 日，日军占领旅顺口。日军残忍地杀害了两万余中国人，制造了震惊中外的旅顺大屠杀。

1895 年 1 月下旬，日本侵略军采用海陆配合的作战方针，向山东半岛的威海卫北洋水师基地发起进攻。在此期间，日军联合舰队司令向北洋水师提督丁汝昌发来劝降书。对此，丁汝昌严词拒绝，率军奋勇抗击。经历苦战，在补给耗尽、援军渺茫的情况下，丁汝昌选择自杀殉国。

威海卫失守，北洋水师随之覆灭，甲午中日战争至此结束。

《马关条约》

1895 年 4 月 17 日，李鸿章代表清政府与日本首相伊藤博文在日本马关签订了丧权辱国的《马关条约》。其主要内容有：清政府承认日本对朝鲜的控制权；"赔偿"日本军费白银两亿两；开放沙市、重庆、苏州、杭州为通商口岸等。

《马关条约》是自《南京条约》以来，给近代中国带来更严重危害的不平等条约。

这场战争的进程与结局，与之前的鸦片战争、中法战争相比，对整个中国社会而言更具震撼性。因为这次败给的是一直被视为"蕞尔小国"的邻邦。可以说，自此中华民族才真正觉醒，就像梁启超所说："唤起吾国四千年之大梦，实则甲午一役始也。"

德国

公元1895年

无产阶级革命导师、马克思主义的创始人之一恩格斯逝世。恩格斯曾与马克思共同完成了《德意志意识形态》和《共产党宣言》等著作。其早期所著的《英国工人阶级的状况》被认为是论述工业革命后工人阶级状况的杰出著作。

◎ 第二国际

戊戌变法

19世纪末，民族危机进一步加深。一批新式知识分子开始思考新的救国之路，维新思想在此过程中诞生。

以康有为、梁启超为代表的维新派人士，在光绪帝的支持下，进行了一场资产阶级改良运动，史称"戊戌变法"。

公车上书

1895年，《马关条约》签订的消息传至北京，举国哗然。康有为、梁启超等人刚好在北京准备参加科举考试。闻得此讯，他们快速组织在京应试的各省举人，联名上书光绪帝；反对清政府同日本签订的不平等条约，希望通过"变法成天下之治"。即为"公车上书"。

此次上书轰动全国，拉开了变法的序幕，使得维新变法思潮演变成一场爱国救亡的政治运动。

康有为又连续向光绪帝上书两次，痛陈变法改革的必要性与迫切性。光绪帝阅后，深受触动。

"公车上书"在全国引起的效应，让康有为意识到创办报刊、组织学会宣传的重要性。于是，他与梁启超等维新人士在京创办了《万国公报》，极力宣扬变法，使更多的人"渐知新法之益"。

先以报事为主

1895年11月，在帝党代表翁同龢的支持下，康有为等人在北京组织成立第一个维新派政治团体——强学会。

为了给变法制造更为广泛的舆论，同年12月16日《万国公报》更名为《中外纪闻》，作为强学会的机关报发行。内容主要为阁抄，其次为新闻电讯，附有梁启超等人的评述。

◎ 康有为与梁启超

世界同期历史

法国

公元1894年

　　国际奥林匹克委员会在法国巴黎成立，顾拜旦担任秘书长，并亲自设计了奥运会会徽和会旗。

德国

公元1895年

　　物理学家伦琴在实验中发现一种射线。其可以穿透纸、木等不透明物体；同时还能穿透人的皮肉，透视骨骼。这就是"X射线"。

英国

约公元1897年

　　物理学家汤姆逊在实验中发现质量比原子更小的微粒，即"电子"。电子的发现将物理学带入全新的领域。"原子不可分"的理念由此被打破。

非洲

约公元1898年

　　英法两国为争夺非洲的殖民地，在

　　1897年10月底，严复在天津创办《国闻报》。严复翻译的《天演论》，更在国内引起了巨大的反响。

　　1898年2月，谭嗣同、唐才常等维新派人士在湖南长沙倡办时务学堂、南学会和《湘报》。

　　随着维新运动的蓬勃发展，清政府内部也出现许多变法图强的思想。他们主张：改革科举制度；大力兴办新式学堂，派遣留学生；拟定创办银行；重视矿厂、铁路运输等近代工业的发展；改革旧封建专制制度；改变旧式军队等。

1898 年 7 月 3 日批准设立的京师大学堂，是近代中国高等教育开始的重要标志，引领着全国教育改革与发展的方向。

百日维新

1897 年，德国强占胶州湾。消息一出，震惊全国。改革变法已迫在眉睫。

1898 年 1 月 29 日，康有为将《应诏统筹全局折》上呈给光绪帝（这是他第六次向皇帝上书），请求实施变法。不料，在慈禧授意下此折中的建议全部被驳回。

4 月，康有为与御史李盛铎在北京发起成立保国会。

6 月 11 日，光绪帝颁布《明定国是诏》，宣布正式实行变法。

随后，上百道变法政令相继推出。主要内容有：改革政府机构、裁撤冗

◎ 清末北京的士绅

◎ 1898 年的英国学校

◎ 白人殖民者和黑人

◎ 1894 年国际奥委会代表合影

员；废八股，改科举；立学堂，开设经济、法律、外交、物理等特科；翻译西方书籍，传播先进思想；创办报刊、学会；鼓励私人兴办实业；改革旧式军队，兴建新式军队等。

1898 年是农历戊戌年，所以此次变法被称为"戊戌变法"。

轰轰烈烈的变法运动，触及了以慈禧为首的守旧派的利益，而清政府的实权事实上一直掌握在这些人手中。

9 月 21 日，慈禧太后发动政变，将光绪帝囚禁在瀛台；再次临朝"训政"，大肆抓捕维新派人士。

康有为、梁启超逃往国外。谭嗣同、刘光第、林旭、杨锐、杨深秀、康广仁先后被捕，于 9 月 28 日在北京菜市口被杀害，史称"戊戌六君子"。

历时 103 天的维新变法以失败告终，因此戊戌变法又被称作"百日维新"。

戊戌变法具有相当大的进步意义，为之后近代中国革命的兴起创造了广泛且深刻的思想基础。

苏丹的法绍达地区形成对峙。

在法国的主动妥协下，一触即发的战争并没有爆发。英法两国这次战争危机的和平解决，使两国在一战中的合作成为可能。如果两国在此次对峙中发展为战争，在一战中展开合作的可能性就会大为降低。

八国联军侵华

19世纪末20世纪初，帝国主义列强对中国再一次掀起了瓜分狂潮。为此，中国人民进行了英勇无畏的反侵略斗争，沉重地打击了帝国主义列强的嚣张气焰。

义和团运动

19世纪末20世纪初，由山东、直隶一带兴起的义和团运动，以"扶清灭洋"为号召。

义和团在山东的反侵略斗争，引起帝国主义者的恐惧和仇视。清政府在义和团问题上犹豫摇摆，帝国主义列强决定用武力胁迫。

1900年6月10日，英国海军司令西摩尔率领英、美、俄、日、法、德、意、奥（奥匈帝国）八国军队，约两千多人，从天津向北京进犯。此举激起义和团的强烈抵抗。

义和团与清军董福祥部共同作战，将西摩尔军成功阻截在廊坊一带。之后双方又展开激烈的战斗，侵略军最终败逃回天津。

6月17日，集结在大沽口外的侵略军舰队攻占了大沽炮台，紧接着向天津进犯。

清政府在获知大沽口失陷消息后，遂决定对外宣战。

侵略军和义和团与清军在天津激战。其间，清军直隶提督聂士成在战斗中英勇殉国。

7月14日，侵略军占领天津。一个月后，北京陷落。慈禧太后带着光绪帝仓皇逃往西安。在逃跑的途中，她下令各地官兵清剿义和团。

◎ 聂士成

最终，义和团在联合剿杀下以失败结束。

《辛丑条约》

兵败后的清政府，立即派遣庆亲王奕劻和李鸿章为代表，与各国进行和谈。

1901 年 9 月 7 日，清政府被迫签订了丧权辱国的不平等条约——《辛丑条约》。共有正约及 19 个附件，主要内容可归为两大项：

1. 清政府向各国共同赔款白银 4.5 亿两，分 39 年还清，本息合计 9.8 亿多两，史称"庚子赔款"。

这是中国近代史上数额最大的赔款，是帝国主义列强大规模的敲诈勒索行为。清政府为此采取了一系列有损国

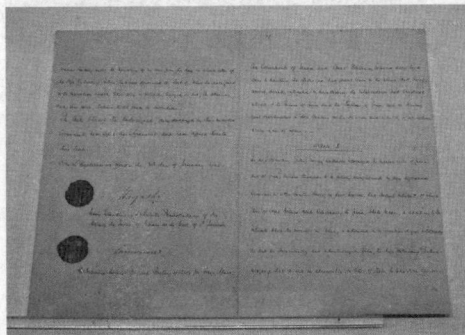

◎ 英日同盟文件

世界同期历史

非洲

公元1899—1902年

为争夺南非的土地和矿产资源，英国与德兰斯瓦共和国和奥兰治自由邦展开战争。

战争最终以英国获胜而告终。英国攫取了该地区丰富的矿产资源。

奥地利

约公元1900年

心理学家和精神分析学派创始人弗洛伊德完成《梦的解析》一书。

其在该书中提出了潜意识的概念，认为通过解析梦可以认识潜意识。为此，他在此书中以大量梦的实例来说明梦在心理构建中的重要作用。

英国

公元1902年

英国和日本签订《英日同盟条约》，共同对抗俄国在远东的扩张。

计民生的措施，加速了清王朝的灭亡，加深了中国人民的穷困与疾苦。

2.严禁中国人民参加反帝活动；划定北京东交民巷为使馆区，允许各国驻军，中国人不准在界内居住；清政府须将大沽炮台及有碍京师至海通道之各炮台一律拆毁；允许外国在京师至山海关的沿线要地驻兵；将总理衙门改为外务部，班列六部之前。

以上这些条款内容，使中国国家主权进一步沦丧，落入深渊。

◎ 清总理衙门

◎ 日俄战争

◎ 日俄战争中的大炮

日本、俄国

公元1904年

日本偷袭俄国泊于中国旅顺的舰队，日俄战争爆发。

在击败俄国后，日俄签订《朴次茅斯和约》。朝鲜和中国东北南部成为日本的势力范围。

俄国

公元1905年

俄国圣彼得堡爆发的群众游行遭到沙皇政府镇压，进而引起全国多地的起义活动。

◎ 签订《辛丑条约》

辛亥革命

《辛丑条约》的签订给清政府守旧派带来巨大的冲击，开始推行"新政"，以维持清王朝摇摇欲坠的统治。

这在一定程度上推动了中国社会的发展，客观上也为之后辛亥革命的爆发创造了条件。

以孙中山为首的民主革命人士认为：唯有彻底推翻清王朝的封建专制统治，建立民主共和政体，才是真正的出路。

武昌起义

◎ 孙中山

自 1905 年孙中山、黄兴等成立同盟会以来，革命党人先后发动了多次大大小小的武装起义。其中比较著名的有 1906 年萍浏醴起义，1907 年的安庆起义，同年的镇南关起义，以及 1911 年广州黄花岗起义。不过，这些起义基本都以失败告终。但是，革命党人英勇无畏、顽强拼搏的精神，极大地激发了中华儿女的反抗斗志。

1911 年，在同盟会的推动下，革命党人趁着清政府将湖北部分兵力调往四川应对保路运动，积极发展湖北新军中的革命力量。

10 月 10 夜里，武昌城内新军中的革命党人率先发动起义。仅一夜的时间，起义军就占领了整个武昌城。紧接着，汉阳、汉口的新军起义也取得了胜利。

随着武昌起义的胜利，革命之火开始向全中国蔓延。短短一个月的时间，大半个中国都脱离了清王朝的统治，中国最后一个封建王朝已成土崩瓦解。历史上称此次革命为"辛亥革命"。

世界同期历史

◎ 列宁

◎ 爱因斯坦

◎ 1907 年的德国柏林

俄国

公元1903年

俄国社会民主工党召开第二次代表大会，以列宁为首的一派提出要建立组织严明的政党来领导革命。"布尔什维克"由此而来。

德国

公元1905年

爱因斯坦发表论文《论运动物体的电动力学》，提出了狭义相对论的观点。

欧洲

公元1907年

为了遏制德国的扩张，英国在1904 年和 1907 年分别与法国和俄国缔结协约，至此三国协约格局正式形成。

日本

公元1910年

日本迫使朝鲜签订《日韩合并条约》。该条约签订后，朝鲜正式沦为日本的殖民地。